Les Auteurs se réservent le droit de traduction.

ENSEIGNEMENT
HISTORIQUE ET GÉOGRAPHIQUE

D'APRÈS

LE NOUVEAU PLAN D'ÉTUDES

ET

LES PROGRAMMES ARRÊTÉS PAR M. LE MINISTRE DE L'INSTRUCTION PUBLIQUE,

le 30 août 1852.

CLASSE DE SECONDE.

GÉOGRAPHIE POLITIQUE ET STATISTIQUE
DES ÉTATS EUROPÉENS
(LA FRANCE EXCEPTÉE),

PAR

M. ANSART FILS,

Professeur d'Histoire et de Géographie, Membre de la Société de Géographie,

ET

M. AMBROISE RENDU,

Docteur en droit.

SECONDE ÉDITION, REVUE ET CORRIGÉE AVEC SOIN.

PARIS

LIBRAIRIE ECCLÉSIASTIQUE ET CLASSIQUE

DE CH. FOURAUT,

47, RUE SAINT-ANDRÉ-DES-ARTS.

1856

Atlas divers de M. F. ANSART qui se trouvent à la même Librairie :

ATLAS HISTORIQUE ET GÉOGRAPHIQUE ANCIEN ET MODERNE, renfermant toutes les Cartes nécessaires pour suivre un Cours complet d'Études historiques et géographiques, dressé pour l'usage des *Lycées*, des *Collèges*, des *Séminaires* et de tous les *Etablissements d'éducation*; nouvelle édition, augmentée d'un grand nombre de Cartes nouvelles et destinées à accompagner le Cours d'Histoire et de Géographie annoncé d'autre part, par M. ED. ANSART fils, professeur d'Histoire et de Géographie. 1 volume grand in-4°, composé de 55 planches, donnant 87 Cartes et Plans, cartonné, 23 fr. 50 c.

Cet Atlas, comme le Cours auquel il correspond, est divisé en plusieurs séries, savoir :

N° 1. ATLAS ANCIEN, composé de 10 planches donnant 25 cartes et plans, 1 volume in-4°, cartonné, 5 fr.

N° 2. ATLAS ROMAIN, composé de 7 pl. donnant 15 cartes et plans, 1 vol. in-4°, cart., 3 fr. 50 c.

N° 3. ATLAS DU MOYEN AGE, composé de 10 planches donnant 17 cartes et plans, 1 vol. in-4°, cartonné, 5 fr.

N° 4. ATLAS HISTORIQUE MODERNE, composé de 12 planches, donnant 13 cartes et plans, 1 vol. in-4°, cart., 5 fr. 75 c.

N° 5. ATLAS DE GÉOGRAPHIE CONTEMPORAINE, composé de 21 planches, 1 volume in-4°, cartonné, 7 fr.

ATLAS DIVERS EXTRAITS DE L'ATLAS HISTORIQUE ET GÉOGRAPHIQUE CI-DESSUS.

N° 6. ATLAS HISTORIQUE DE LA FRANCE, composé de 8 planches, donnant 13 cartes et plans, 1 vol. in-4°, cart., 4 fr.

N° 7. ATLAS DE GÉOGRAPHIE CONTEMPORAINE (cartes generales seules), composé de 11 planches donnant 13 cartes et plans, 1 vol. in-4°, cartonné, 4 fr.

N° 8. ATLAS ANCIEN ET ROMAIN, composé de 13 planches, donnant 30 cartes et plans, 1 vol. in-4°, cartonné, 5 fr. 50 c.

N° 9. ATLAS ANCIEN ET MODERNE COMPARÉ, composé de 34 planches, 1 vol. in-4°, cart., 10 fr.

N° 10. ATLAS DU MOYEN AGE, HISTOIRE MODERNE, HISTOIRE DE FRANCE, composé de 17 planches, 1 vol. in-4°, 8 fr.

Prix de chaque Carte de ces divers Atlas, 40 c.

PETIT ATLAS HISTORIQUE ET GÉOGRAPHIQUE à l'usage des Écoles Normales Primaires, des Écoles Primaires Supérieures, et des Classes Élémentaires des Collèges, composé de 40 Cartes formant 1 vol. grand in-8°, cartonné, 7 fr.

Il est divisé en trois parties, savoir :

1re Partie. HISTOIRE ANCIENNE et HISTOIRE ROMAINE, 1 volume grand in-8°, 12 Cartes, cartonné, 2 fr. 50 c.

2e Partie. HISTOIRE DU MOYEN AGE, HISTOIRE MODERNE et HISTOIRE DE FRANCE, 1 vol. gr. in-8°, 12 Cartes, cart., 2 fr. 50 c.

3e Partie. GÉOGRAPHIE CONTEMPORAINE, 1 volume grand in-8°, 16 Cartes, cartonné, 2 fr. 50 c.

Chaque partie, avec les Cartes muettes, grand in-8°, cart., 3 fr. 50 c.

Tout exemplaire qui ne sera pas revêtu de la signature de l'un des Auteurs et de celle de l'Éditeur sera réputé contrefait.

Paris. — Typ. Moriis et C° rue Amelot, 64.

Extrait du Programme du 30 août 1852,

POUR L'ENSEIGNEMENT HISTORIQUE ET GÉOGRAPHIQUE.

CLASSE DE SECONDE.

ÉTATS EUROPÉENS (LA FRANCE EXCEPTÉE). — HISTOIRE SOMMAIRE DE LA GÉOGRAPHIE. — GÉOGRAPHIE STATISTIQUE DES PRODUCTIONS ET DU COMMERCE DES PRINCIPALES CONTRÉES.

Pages.

1, 2, 3, 4, 5, 6 et 7. *États européens.*
  1° Îles Britanniques : Situation et limites; mers et îles principales; versants et chaînes de montagnes principales; fleuves et lacs principaux; grandes divisions politiques; capitales, gouvernement, population; races et religions; colonies; ports principaux. — Armée, marine, revenu des puissances de premier ordre.   1
  2° Hollande et Belgique : Situation et limites; mers, etc. 20, 24
  3° Suède et Norvège. — Danemark :   —   30, 35
  4° Russie et Pologne :   —   40, 44
  5° Prusse :   —   50
  6° Allemagne et Suisse :   —   54, 68
  7° Empire d'Autriche :   —   74
  8° Turquie d'Europe et Grèce :   —   81, 87
    Principautés slaves, îles Ioniennes :   —   87, 91
  9° Italie :   —   94
  10° Espagne et Portugal :   —   102, 107
  Mention des confédérations germanique et helvétique 56, 68
  Éléments de puissance des empires russe et britannique, 17, 46

8, 9. *Histoire sommaire de la géographie.* — Monde connu des anciens. — Progrès de la géographie au moyen âge. — État des connaissances géographiques au commencement du quinzième siècle; progrès de ces connaissances depuis cette époque. — Navigateurs les plus célèbres; résumé de leurs principales découvertes. — Notions sommaires sur les principaux voyages autour du monde. 109

Pages.

10, 11 et 12. *Géographie industrielle et commerciale.*
—Notions élémentaires et sommaires : 1° Sur les localités d'où proviennent les productions les plus utiles : céréales, fers, houilles, bois de construction, cotons, vins, etc. ; 120
2° Sur les centres d'industrie les plus importants ; produits principaux de la France, de l'Angleterre, de l'Allemagne, etc. ; 129
3° Sur les principaux centres et ports de commerce, matières premières ou fabriquées qui donnent lieu à l'importation ou à l'exportation ; lignes de navigation qu'elles suivent ; durée du trajet. 134

Baccalauréat ès Lettres.

PROGRAMME DE GÉOGRAPHIE

ARRÊTÉ PAR M. LE MINISTRE DE L'INSTRUCTION PUBLIQUE,

Le 7 septembre 1852.

Pages.

64. États européens (la France exceptée). 1 à 109
65. Histoire sommaire de la géographie. 109
66. Géographie statistique des productions et du commerce des principales contrées. 120

CLASSE DE SECONDE.

GÉOGRAPHIE POLITIQUE ET STATISTIQUE DES ÉTATS EUROPÉENS

(LA FRANCE EXCEPTÉE.)

ÉTATS EUROPÉENS.

HISTOIRE DE LA GÉOGRAPHIE. — GÉOGRAPHIE STATISTIQUE.

CHAPITRE PREMIER.

ILES BRITANNIQUES.

SOMMAIRE.

1. Les îles Britanniques sont situées au N. O. du continent européen (1); elles sont bornées par la mer du Nord, la Manche et l'océan Atlantique; leur superficie dépasse 310,000 kil. carrés; elles sont divisées en trois royaumes : l'Angleterre et l'Écosse (Grande-Bretagne), et l'Irlande.

2. § 1er. L'Angleterre, séparée de l'Écosse par le golfe du Solway, les monts Cheviot et la Tweed, est entourée par la mer du Nord, le Pas-de-Calais, la Manche, l'océan Atlantique, le canal Saint-Georges et la mer d'Irlande.

3. Ces mers offrent le golfe du Wash (mer du Nord), celui d'Exeter (Manche), le canal de Bristol (Océan), et entourent les péninsules : de Cornouailles, terminée par les caps Lizard et Land's End; de Galles et de Cumberland

4. Les principales îles sont : Wight (Manche), les îles Anglo-Normandes et les Scilly (Atlantique), Anglesey et Man (mer d'Irlande).

5. L'Angleterre est partagée en trois versants : de la mer du Nord, de la Manche, de l'Océan et de la mer d'Irlande. Ses montagnes, peu élevées, sont la chaîne du Snowdon dans le pays de Galles, les monts Cheviot au N.

6. La mer du Nord reçoit l'Humber, la Tamise. Le canal de Bristol reçoit la Severn. La mer d'Irlande reçoit la Dee et la Mersey. Les lacs peu considérables sont ceux de Derwent et de Windermere.

---

(1) Voir, dans mon *Atlas historique et géographique à l'usage des collèges*, la carte des ILES BRITANNIQUES.

Parmi les nombreux canaux, les plus importants sont celui de Grande-Jonction (de la mer du Nord à celle d'Irlande), le canal de Grande-Union (de la Tamise à l'Humber), le Grand-Trunck (de la mer du Nord au canal de Bristol), etc.

7. Le royaume est divisé en deux parties : l'Angleterre subdivisée en 40 comtés, et le pays de Galles subdivisé en 12 comtés. Le versant de la mer du Nord forme 23 comtés, dont les principales villes sont : Londres, capitale ; Douvres, Cantorbéry, Oxford, York, Leeds, Sheffield, New-castle, etc. — Celui de la mer d'Irlande et de l'Océan en forme 11, et le pays de Galles 12 ; leurs principales villes sont : Manchester, Liverpool, Preston, Birmingham, Bristol et Bath ; Merthyr-Tydwil et Milford : ces deux dernières dans le pays de Galles. — Celui de la Manche forme 6 comtés, dont les principales villes sont : Plymouth, Porstmouth et Southampton.

8. § 2. L'Écosse est bornée par la mer du Nord, par l'Angleterre et par l'Atlantique ; ses côtes sont profondément découpées.

9. Les îles qui s'y rattachent sont : Bute, Arran et les Western dans l'Atlantique ; les Orkney et les Shethland entre cet océan et la mer du Nord.

10. Elle se divise en deux versants, de la mer du Nord et de l'Atlantique. — Les principales montagnes sont les monts Grampians, qui la séparent en Hautes Terres (Highlands) et Basses Terres (Lowlands).

11. Le golfe d'Édimbourg ou du Forth et celui du Tay reçoivent ces deux fleuves ; la Dee et la Spey tombent aussi dans la mer du Nord. — Le golfe de la Clyde reçoit cette riviere ; beaucoup de baies nommées Lochs, pénètrent assez avant dans l'intérieur. — Les principaux lacs sont le Loch Lomond, le Lochy et le Ness. — Les principaux canaux sont celui de Forth et Clyde, d'une mer à l'autre, et le canal Calédonien.

12. L'Écosse, divisée en Écosse du N., du milieu et du S., se divise en 33 comtés ; 6 dans l'Écosse du N., 13 au milieu, 14 au S.

13. Les principales villes sont : Édimbourg, Glascow, Dundee, Aberdeen, Greenock, Perth, Inverness, etc.

14. § III. L'Irlande est entourée par le canal du Nord, la mer d'Irlande, le canal Saint-Georges et l'Atlantique.

15. La mer d'Irlande forme les baies de Belfast, Carlingford, Dublin, Cork, etc. ; l'Océan, celles de Bantry, Galway, le lac ou golfe de Swilly, etc.

16. L'Irlande se divise en deux versants, celui de la mer d'Irlande à l'E., et de l'Océan à l'O. Elle ne renferme que des chaînes de collines sans sommets élevés.

17. Les principales rivières sont : le Shannon, le Blackwater, le Suir, le Barrow, dans le versant de l'Océan ; la Liffey et la Boyne dans celui de la mer d'Irlande. Les principaux canaux sont : le Grand Canal au centre, et ceux de Newry et de Lisburne au N.E.

18. L'Irlande est divisée en quatre provinces : Ulster, Munster, Leinster et Connaught, qui se subdivisent en 32 comtés ; les principales villes sont : Dublin, Belfast, Limerik, Cork, Armagh, Galway, Maynooth et Waterford.

19. § IV. Le gouvernement est une monarchie représentative, héréditaire même pour les femmes, avec deux chambres, celle des lords ou des pairs, et celle des communes. L'Écosse a 16 pairs et 53 députés; l'Irlande 32 pairs et 105 députés. Le surplus appartient à l'Angleterre.

20. La population totale est d'environ 28 millions d'habitants, dont 18 millions pour l'Angleterre, descendant des Anglo-Saxons, des Celtes et des Northmans; 3 millions environ pour l Écosse, descendant des Pictes et des Scots (Calédoniens); 7 millions à peine pour l'Irlande.

21. La religion anglicane domine en Angleterre, où il y a environ un million de catholiques; le presbytérianisme en Écosse; la religion catholique en Irlande, où 800,000 anglicans ont presque tous les revenus ecclésiastiques.

22. Les colonies anglaises ont un territoire d'environ 13 millions de kilom. carrés et 150 millions d'habitants. — Ce sont, en Europe : Helgoland, Gibraltar, Malte, et les îles Ioniennes; — en Asie : Aden, la plus grande partie de l'Hindoustan, plusieurs contrées de l'Indo-Chine et Hong-Kong; — en Afrique, des établissements à la Sénégambie, à la Guinée; le Cap, Sainte-Hélène, l'Ascension, Maurice, etc.; — en Amérique : la Nouvelle-Bretagne, la Jamaïque, les Antilles anglaises, la Guyane anglaise; — dans l'Océanie : les établissements de l'Australie et de la Tasmanie, la Nouvelle-Zélande, etc.

23. Les principaux ports de l'empire britanique sont en Europe : Londres, Liverpool, Hull ou Kingston, Bristol, Southampton, Douvres, Plymouth, Portsmouth, Dundee, Greenock, Cork, Limerick, etc... Gibraltar, Malte; dans les colonies : Aden, Bombay, Mazulipatam, Georgetown, Singapour, Hong-Kong, le Cap, Port-Natal, Sidney, Port-Essington, Port-Lincoln, etc.

24. L'armée est de 130,000 hommes en temps de paix, plus la milice, les cavaliers de la yeomanerie, et les troupes considérables de la compagnie des Indes. — La marine militaire compte 700 navires, parmi lesquels beaucoup de vapeurs et 100 vaisseaux de ligne. — Le revenu est de 1 milliard 300 millions.

25. Outre son armée, sa marine et ses colonies, l'Angleterre a de grands éléments de puissance dans l'agriculture et dans ses mines de houille et ses manufactures innombrables de coton, de laine, de soie, de métaux, dont la production dépasse 3 milliards et demi. Sa marine marchande dépasse 27 mille bâtiments.

1. ILES BRITANNIQUES (NOTIONS GÉNÉRALES SUR LEUR SITUATION ET LEUR DIVISION.) — Les ILES BRITANNIQUES ou le *Royaume-Uni de Grande-Bretagne et d'Irlande* (*United kingdom of Great-Britain and Ireland*) (1), for-

---

(1) Nous mettons ainsi en italique et entre parenthèse, à la suite du nom en français, celui que les habitants du pays lui donnent dans leur langue; les Anglais nomment l'Angleterre *England*, les Allemands nomment leur pays *Deutschland*, etc.

ment, au N. O. du continent européen, un vaste archipel, séparé de la France par la Manche et le Pas-de-Calais, enveloppé à l'E. par la mer du Nord, et à l'O. par l'océan Atlantique, et compris entre les 49ᵉ et 61ᵉ degré de latitude N. et depuis 0 jusqu'au 13ᵉ degré de longitude O.

Cet archipel se compose des deux grandes îles de la *Grande-Bretagne* (*Great-Britain*), à l'E., et de l'*Irlande* (*Ireland*), à l'O., séparées entre elles par le canal du Nord, la mer d'Irlande et le canal Saint-Georges ; et, d'un grand nombre de petites îles, les unes réunies en groupes, telles que les *Shetland* et les *Orkney*, au N. E. de la Grande-Bretagne, les *Western*, au N. O. de cette même île, et les *Scilly*, au S. O. ; les autres isolées, telles que *Man* et *Anglesey*, dans la mer d'Irlande, et *Wight*, dans la Manche. — Il faut encore y ajouter le petit groupe des îles *Anglo-Normandes*, situé plus près des côtes de France que de celles d'Angleterre.

La superficie de toutes ces îles réunies dépasse 310,000 kilomètres carrés ; elles ne forment qu'une faible partie de l'immense empire Britannique, dont la puissance s'étend hors du continent européen sur les vastes territoires que nous indiquerons plus bas (voir n° 22).

Les îles Britanniques sont partagées en trois royaumes, dont deux sont compris dans la *Grande-Bretagne*, savoir : le royaume d'*Angleterre* au S. et d'*Écosse* au N. ; l'*Irlande* forme le troisième. Nous présenterons successivement la description physique, les divisions et les villes principales de chacun de ces trois royaumes, en suivant exactement l'ordre du programme ; puis nous donnerons, toujours suivant le même ordre, les notions de géographie politique communes au trois royaumes.

§ Iᵉʳ. ANGLETERRE.

2. SITUATION ET LIMITES. — L'ANGLETERRE (*England*) comprend la partie méridionale de la Grande-Bretagne. Elle est séparée de l'Écosse, au N. par le golfe de Solway, par les monts Cheviot et par la Tweed, affluent de la mer du Nord. Entourée par cette dernière mer, à l'E., par le Pas-de-Calais et la Manche au S., et par l'océan Atlantique au S. O., l'Angleterre est baignée à l'O. par le canal Saint-Georges et par la mer d'Irlande, qui communiquent avec l'océan Atlantique.

3. MERS. — Les mers que nous venons de nommer baignent toutes les côtes de l'Angleterre ; elles y forment des golfes profonds qui presque tous reçoivent des fleuves plus ou moins considérables dont ils semblent n'être que les vastes estuaires (voir n₀ 6). Les golfes proprement dits sont celui d'*Exeter* sur la Manche, le *Wash* sur la mer du Nord, le *canal de Bristol* sur l'Atlantique. Ce dernier golfe, avec l'océan Atlantique et la Manche, entoure la péninsule de *Cornouailles* (*Cornwall*) extrémité S. O. de l'Angleterre, et qui se termine elle-même par les caps *Lizard* au S. E. et *Finisterre* (*Land's End*) au S. O. Ce même canal de Bristol forme, avec le canal Saint-Georges et la mer d'Irlande, une autre presqu'île, celle de *Galles* (*Wales*), découpée elle-même par plusieurs golfes, dont le plus important est la *baie de Cardigan*. — Enfin, la mer d'Irlande entoure la péninsule de *Cumberland*.

4. ÎLES PRINCIPALES. — Les principales îles qui dépendent de l'Angleterre sont : dans la Manche, l'île de WIGHT, sur la côte méridionale de l'Angleterre, dont elle est séparée par un détroit de peu de largeur ; capitale *Newport*, au centre.

Dans l'Atlantique, les îles ANGLO-NORMANDES (*Britihs-Islands*), groupe situé près des côtes du département français de la Manche; on y distingue surtout : ALDERNEY ou *Aurigny*, vis-à-vis le cap de la Hague ; — GUERNESEY, dont la capitale *Saint-Pierre*, au S. E., l'est en même temps de tout le groupe ; — JERSEY, plus au S. E., capitale *Saint-Hélier*, au S.

Les îles SCILLY ou *Sorlingues*, situées près de la pointe S. O. de l'Angleterre, et formant 45 petites îles rocailleuses, dont la principale est celle de *Sainte-Marie*, au S. O.

L'île d'ANGLESEY, dans la mer d'Irlande, est séparée du pays des Galles par le détroit de *Menay* (1); au N. E., sur ce détroit, se trouve *Beaumaris*, capitale de l'île.

MAN, plus au N., a pour capitale *Castletown*, au Sud.

5. VERSANTS ET CHAINES DE MONTAGNES. — L'Angleterre est partagée en trois versants, qui portent leurs eaux dans les mers qui l'entourent. Ce sont : le versant de l'E. ou de la mer du N. ; celui du S. ou de la Manche, et celui de l'O. ou de l'Atlantique et de la mer d'Irlande.

---

(1) Le détroit de Menay est franchi par deux ponts, l'un suspendu l'autre appuyé sur une seule pile élevée à cent pieds de hauteur. Ce dernier est un énorme tube construit entièrement en fer, et dont l'intérieur livre passage à un chemin de fer.

C'est dans les presqu'îles (n° 3) qui forment la partie O. de l'Angleterre et sur la limite de l'Écosse que se trouvent les seules hauteurs qui méritent le nom de montagnes ; encore la plus élevée de toutes, le *Wyddra*, dans la chaîne de *Snowdon*, au N. O. du pays de Galles, ne dépasse-t-elle pas 1,190 mètres. — Le plus haut sommet de la chaîne des monts *Cheviot* qui séparent l'Angleterre de l'Écosse n'atteint pas 812 mètres.—Ce ne sont que de faibles collines ou même de simples élévations du sol qui déterminent les lignes de partage entre les divers fleuves et les nombreuses rivières qui arrosent l'Angleterre, et même entre les versants des diverses mers qui l'entourent.

6. FLEUVES ET LACS PRINCIPAUX (CANAUX). — Sur la côte de la mer du Nord se trouvent : le large estuaire de l'*Humber*, fleuve très-court, formé par la réunion de l'*Ouse* et du *Trent*, grossis l'un et l'autre de plusieurs rivières importantes ; — Le large estuaire de la *Tamise*, qui reçoit le plus célèbre des fleuves de l'Angleterre, formé par la réunion du *Thames* et de l'*Isis*, ce fleuve, qui n'a pourtant que 350 kilomètres de cours, est assez profond pour que les gros vaisseaux le remontent jusqu'à 90 kilomètres de distance.

Sur la côte S. O., baignée par l'Atlantique, le canal de Bristol se termine par le vaste estuaire de la *Severn*, le plus long des fleuves de l'Angleterre, quoique son cours n'excède pas 380 kilomètres.

Sur la côte S. E. de la mer d'Irlande, nous remarquerons seulement les larges embouchures de la *Dee* et de la *Mersey*, fleuves qui ne sont pas sans importance, quoique leur cours ait fort peu d'étendue.

L'Angleterre n'a pas de grands lacs ; celui de *Derwent*, dans le Cumberland, le plus considérable de tous, n'a que 4 kilomètres de longueur sur 1 à 2 de largeur. Celui de *Windermere*, dans le Westmoreland, est visité par de nombreux touristes à cause de la beauté du site qu'il occupe.

La régularité du sol et le peu d'élévation des collines qui séparent les bassins des différents fleuves a permis l'établissement de nombreux canaux, destinés à unir les divers bassins fluviaux et maritimes. L'Angleterre est donc le plus favorisé des États du globe sous le rapport des communications intérieures par eau. Parmi ces canaux, qui sont beaucoup trop nombreux pour être nommés tous ici, nous nous bornerons à indiquer : — le canal dit de *Grande-Jonction*, qui, par une ligne non interrompue, n'offrant pas moins de 45 embranchements de 1,680 kilomètres de développement, met la Tamise en communication avec la Dee et la Mersey, et, par conséquent, la mer du Nord avec celle d'Irlande ; — le canal de *Grande-Union*, qui s'embranche sur le précédent, pour mettre la Tamise en communication avec le Wash et avec l'Humber, par la Trent;—le *Grand-Trunk*, qui, en facilitant la navigation de la Trent, met l'Humber en communication à l'O. avec la Mersey, à l'O. et au S. O. avec la Severn, que d'autres canaux joignent elle-même avec la Tamise et avec la Manche. — On peut citer encore ceux qui, au moyen de divers embranchements, mettent tout le littoral de la mer d'Irlande en communication directe avec les affluents de l'Ouse, et par conséquent avec la mer du Nord.

7. GRANDES DIVISIONS POLITIQUES. — CAPITALE. — VILLES PRINCIPALES. — L'Angleterre est divisée en deux parties distinctes, savoir le royaume d'*Angleterre* proprement dit, subdivisé en 40 comtés (*counties ou shires*), et la principauté de *Galles* à l'O., subdivisée en 12 comtés. Nous indiquerons successivement les comtés et les villes les plus importantes de chaque versant.

LE VERSANT DE LA MER DU NORD forme 23 comtés, savoir : 3 au Nord, *Northumberland, Durham* et *York;* 12 au centre, *Derby, Nottingham, Lincoln, Stafford, Leicester, Rutland, Northampton, Bedford, Huntingdon, Cambridge, Norfolk, Suffolk;* 8 au midi, *Oxford, Berks, Buckingham, Hertford, Middlesex, Surrey, Essex, Kent.*

Ce versant renferme :

LONDRES (*London*) (Middlesex et Surrey) (1), capitale de l'Angleterre et de tout l'empire Britannique (2,500,000 hab.); cette ville, la plus peuplée, la plus commerçante, la plus riche, et en même temps, l'une des plus belles du monde, a un port immense formé par la Tamise, couverte en tous temps de milliers de vaisseaux. Parmi ses monuments les plus célèbres, on cite : le nouveau palais du Parlement et l'abbaye de Westminster qui en est voisine, l'église de Saint-Paul, les palais de Sommerset, de Saint-James, et celui de Buckingham, résidence de la Reine ; plusieurs ponts remarquables sur la Tamise, et le *Tunnel*, qui passe sous ce fleuve, œuvre de l'ingénieur français Brunel.

Les principales villes du versant de la mer du Nord, sont : DOUVRES (*Dover*), port sur le Pas-de-Calais, le plus fréquenté pour les passages entre la France et l'Angleterre, dans le comté de Kent, dont la capitale, CANTORBÉRY (*Canterbury*), remarquable

---

(1) Nous indiquons entre parenthèses et en lettres ordinaires le nom du comté à laquelle chaque ville appartient. Londres est construit sur les limites des deux comtés ci-dessus nommés.

par sa magnifique cathédrale, est le siége de l'archevêque primat du royaume. — CHATAM (Kent), à l'embouchure de la *Medway*, qui y forme une rade et un port magnifiques, le second de l'Angleterre pour la marine de guerre, qui y possède des chantiers et des arsenaux très-importants, protégés par d'immenses fortifications. — SHEERNESS, plus au N. E., sur l'île de *Sheppey*, importante forteresse qui défend à la fois l'entrée de la Medway et celle de la Tamise, possède aussi de beaux chantiers pour la marine royale. — WOOLWICH, GREENWICH et DEPTFORD, que l'on rencontre dans le comté de Kent en remontant la Tamise pour se rendre à Londres, forment à cette métropole, le long de la rivière méridionale du fleuve, comme un immense et magnifique faubourg, qui se rattache à celui *Southwark*, nom donné à la partie de Londres située sur la rive droite de la Tamise, dans le comté de Surrey. — Les édifices non interrompus de ces trois villes offrent, à Woolwich et à Deptford, des arsenaux et d'immenses chantiers de construction pour la marine de guerre et de commerce, et à Greenwich le magnifique hôpital des Invalides de la marine et l'observatoire royal où les Anglais font passer leur *premier méridien*.—WINDSOR (Berks), sur le même fleuve, mais à l'O. de Londres, est connu par son beau château, résidence des rois. — OXFORD, plus au N. O., et CAMBRIDGE, au N. E., célèbres par leurs universités. — YORK, beaucoup plus au N. sur l'Ouse, cité très-ancienne, avec un archevêché et une superbe cathédrale. Regardée autrefois comme la seconde ville du royaume, elle n'est plus aujourd'hui que la sixième de son vaste comté, où l'on distingue plus au S. O. les grandes villes manufacturières de LEEDS (125,000 hab.)—BRADFORD (plus de 50,000 hab.), HALIFAX (120,000 hab.), qui fabriquent des tissus de laine et de lin; celle de SHEFFIELD, beaucoup plus au S. (95,000 hab.), renommée pour la fabrication de l'acier et des machines; enfin celle de HULL ou KINGSTON, sur la rive gauche et non loin de l'embouchure de l'Humber, le troisième des ports de commerce du royaume. — NEWCASTLE (Northumberland), autre port extrêmement commerçant, sur la *Tyne*, est le centre de la plus considérable exploitation de houille qui existe au monde.

LE VERSANT DE LA MER D'IRLANDE ET DE L'OCÉAN ATLANTIQUE forme 11 comtés dont 4 versent leurs eaux à la mer d'Irlande : *Cumberland*, *Westmoreland*, *Lancaster* et *Chester*; et 7 à l'océan Atlantique : *Shrop, Hereford, Worcester, Warwick, Gloucester, Monmouth* et *Somerset*.

La principauté de Galles (*Wales*) appartient également à ce versant; elle forme 12 comtés, qui sont : *Anglesey, Caernarvon, Denbigh, Flint, Merioneth, Montgomery,*

Cardigan, Radnor, Pembroke, Caermarthen, Breknock, Glamorgan.

Les villes principales sont, sur le versant de la mer d'Irlande : MANCHESTER (Lancaster) sur un affluent de la Mersey, la ville la plus importante de l'univers pour la fabrication des étoffes de coton (400,000 hab. y compris les faubourgs).— LIVERPOOL (même comté), sur la droite et à l'embouchure de la Mersey; le premier port de commerce des îles Britanniques après celui de Londres (300,000 hab.). — Cinq autres villes importantes du comté de Lancastre, savoir : PRESTON, près de la mer d'Irlande ; BLACKBURN, plus à l'E., et BOLTON, plus au S., comptant l'une et l'autre plus de 60,000 hab. ; OLDHAM et ROCHALDE, au N. O. de Manchester, participent au grand mouvement industriel de cette métropole de la fabrication des tissus de coton. — STOCKPORT (Chester), à peu de distance au S. E. de Manchester, sur la Mersey, participe aussi, comme les précédents, à la prospérité de cette grande ville (66,000 hab.).

Sur le versant de l'Océan Atlantique. — BIRMINGHAM (Warwick), sur un affluent de la Severn, le plus important atelier du monde entier pour les arts métallurgiques (180,000 hab.). — BRISTOL (Glocester), sur l'*Avon*, autre affluent de la Severn, et non loin du golfe ou canal qui porte son nom ; le quatrième port de commerce, et l'une des villes les plus industrieuses du royaume (130,000 hab.). — BATH (Somerset), non loin du canal de Bristol, doit son importance à ses excellentes eaux thermales, déjà célèbres du temps des Romains sous le nom d'*Aquæ Solis*, les Eaux du Soleil. — MERTHYR-TYDWILL (Glamorgan) est, par son industrie et sa population (22,000 hab.), la ville la plus importante du pays de Galles, dont les riches mines de fer de houille écoulent leurs produits par le port de SWANSEA, sur le canal de Bristol. — MILFORD (Pembroke), plus à l'O., port magnifique au fond du havre de son nom, a l'extrémité S. O. du pays de Galles, possède de vastes chantiers pour la marine de guerre.

LE VERSANT DE LA MANCHE forme 6 comtés : *Cornwall, Devon, Dorset, Wilts, Hamp* et *Sussex.*

Les principales villes sont : FALMOUTH, port sur une vaste baie de la côte S. E., de la presqu'île et du comte de *Cornwall*, exporte les produits des inépuisables mines d'étain et de cuivre exploitées dans cette péninsule depuis les temps les plus anciens. — PLYMOUTH (Devon) superbe port de guerre et de commerce, avec d'importantes fortifications, des chantiers de construction et des arsenaux pour la marine royale, placés à *Devonport*, qui ne fait en quelque façon qu'une seule ville avec Plymouth. Elles sont situées au fond d'une vaste baie dont le phare d'*Eddystone*, bâti sur un rocher au milieu des flots, éclaire l'entrée (75,000 hab.).—PORTSMOUTH (Hamp), le port et l'arsenal le plus important de la marine royale d'Angleterre (60,000 hab.), sur une petite île de la magnifique rade de *Spithead*, formée par l'île de *Wight* et le continent, et dans laquelle 1,000 vaisseaux de guerre pourraient mouiller en sûreté. — SOUTHAMPTON (Hamp), port très-commerçant au fond de la rade de *Spithead*, entretient, ainsi que BRIGHTON (Sussex), plus au S. E., de nombreuses relations avec la France.

§ II. ECOSSE.

8. SITUATION ET LIMITES. — MERS. — Le royaume d'Écosse (*Scotland*), séparé, comme nous l'avons dit, de l'Angleterre au S. par le golfe du Solway, les monts Cheviot et la Tweed, comprend toute la partie septentrionale de la Grande-Bretagne et est borné à l'O. par la mer du Nord, à l'E. et au N. par l'océan Atlantique ; ces mers forment sur les côtes un grand nombre de golfes que nous nommerons ci-après avec les rivières qu'ils reçoivent (n° 11).

9. ILES. — Outre les îles d'*Arran* et de *Bute* dans l'océan Atlantique, nous devons indiquer comme dépendants de l'Écosse trois grands groupes d'îles qui méritent une attention particulière; ce sont :

1° Les WESTERN ou *Hébrides*, répandues, au nombre de plus de 200, tout le long de la côte occidentale de l'Écosse et divisées en deux groupes, dont l'un, plus voisin du rivage, comprend entre autres : — les îles d'*Islay* et de *Jura*, séparées par le détroit de ce nom du comté d'Argyle, l'île de *Mull*, près de laquelle est situé le petit îlot de *Staffa*, célèbre par la *grotte de Fingal*, admirable assemblage de colonnes de basalte que l'on prendrait pour une gigantesque construction de l'art; — celles de *South-Uist*, *North-Uist*, *Skye*, *Harris* et *Lewis*. — Ces trois dernières îles sont les plus considérables du second groupe des Western, désignées plus spécialement sous le nom de Longues-Iles, (*Long-Island*), et séparées entre elles et du continent par les détroits du *Petit* et du *Grand Minsh*. — 2° Les *Orkney* ou Orcades, séparées de la pointe d'Écosse par le détroit de *Pentland*, sont au nombre de 20 environ, dont la principale est *Pomona*. — 3° Les *Shetland* au N. E. des Orcades et au nombre de 86 dont la principale est *Maintland*.

10. VERSANTS ET CHAINES DE MONTAGNES.—L'Écosse,

presque entièrement couverte par de nombreuses chaînes de montagnes, se divise en deux versants : celui de la mer du Nord et celui de l'océan Atlantique.

Parmi les nombreuses montagnes qui couvrent son sol, l'Écosse compte la chaîne de montagnes la plus élevée des îles Britanniques, celle des monts *Grampians*, qui se prolonge au S. O. de manière à marquer la limite entre les *Hautes-Terres* (*Highlands*), de l'Écosse septentrionale, et les *Basses-Terres* (*Lowlands*) de l'Écosse méridionale. Ses plus hauts sommets sont : le *Ben-Névis*, à l'O. (1,457 mètres); le *Cairn-Gorum*, renommé par ses belles topazes (1,350 mètres); le *Ben-Lawers* (1,338 mètres) et le *Ben-Macdhu* ou *Macdéni*, au centre (1,312 mètres).

11. FLEUVES ET LACS PRINCIPAUX (CANAUX). — A partir de l'embouchure de la *Tweed*, rivière qui forme la limite S. E. de l'Ecosse, après en avoir arrosé la partie méridionale, on trouve, sur la côte de la MER DU NORD : le golfe d'*Édimbourg* ou du *Forth*, et celui du *Tay*, qui reçoivent les petits fleuves dont ils portent le nom, lesquels arrosent l'Écosse centrale; et les golfes de *Murray* et de *Dornoch*, qui reçoivent des fleuves moins considérables encore. — Entre ces golfes et les précédents se trouvent les embouchures de la *Dee* et de la *Spey*.

L'OCÉAN ATLANTIQUE forme sur la côte occidentale un grand nombre de golfes et de baies de toutes grandeurs, qui pénètrent sous le nom de lacs ou *lochs*, comme disent les Écossais, jusque fort loin dans l'intérieur des terres. Les deux plus considérables sont : — celui de la *Clyde*, qui reçoit la rivière de ce nom, et qui laisse à l'O. la longue péninsule de *Cantire*; — celui du *Solway*, qui forme la limite S. O. de l'Écosse. — Quant aux nombreux détroits qui séparent du continent et entre elles les îles presque innombrables qui dépendent de l'Écosse, nous avons nommé les plus remarquables en nous occupant de ces îles. — Outre les lacs maritimes dont nous venons de parler, l'Écosse a un grand nombre de lacs proprement dits, moins remarquables toutefois par leur étendue que par la beauté du paysage qui les entoure. Les plus importants, après le *Loch Lomond*, seront cités en même temps que les canaux qui les parcourent.

Les Anglais ont étendu à l'Écosse leur vaste système de canalisation : parmi les canaux qui ont été creusés, nous nous bornerons à nommer les deux qui ont pour but de réunir la mer du Nord et l'Atlantique, savoir : — le canal de *Forth et Clyde* ou *Grand Canal*, à l'endroit le plus resserré de l'Ecosse, qui n'a pas 50 kilomètres de longueur entre les deux golfes qui ont donné leurs noms à ce canal. Le canal *Calédonien*, plus au N., qui joint le fond du golfe Murray avec le loch *Linnhe*, celui des golfes de la côte de l'Atlantique qui s'enfonce le plus avant dans les terres. Ce canal, pour l'exécution duquel on a mis à profit plusieurs lacs intérieurs, tels que le *Lochy* et le *Ness*, que l'on a réunis ensemble, est assez large et assez profond pour porter des frégates.

12. Grandes divisions politiques. — L'Écosse, partagée par le canal de Forth et Clyde et le canal Calédonien, en *Écosse du Milieu*, du *Centre* et du *Nord*, est divisée administrativement en 33 comtés ou *stewartrie* : — 6 dans l'Écosse du N., au N. du canal Calédonien, savoir, les *Orkney*, avec les *Shetland, Caithnesss, Sutherland: Ross, Cromarty* et *Inverness;* — 13 dans l'*Écosse du Milieu*, dont 4 au N. des monts Grampians : *Nairn, Murray, Banff, Aberdeen;* — 9 au S. de ces montagnes sur la mer du Nord : *Kincardine* ou *Mearn, Forfar, Perth, Fife, Kinross Clackmannan* et *Stirling;* — et 2 sur l'Océan : *Argyle* et *Bute*, composé de l'île de ce nom ; — 14 dans l'Écosse du S., dont 7 sur le versant de la mer du Nord : *Linlithgow, Édimbourg, Haddington, Peebles, Selkirk, Berwick, Roxburgh*; et 7 sur le versant de l'Atlantique : *Dumbarton, Renfrew, Ayr, Lanark, Wigton, Kirkenbright, Dumfries*.

13. Capitale (villes principales). — L'Écosse a peu de villes considérables; nous nous bornerons à citer ici quelques-unes des plus importantes, savoir : — ÉDIMBOURG (*Edinburgh*), 200,000 hab., capitale du royaume et du comté de son nom; ancienne et fameuse université, située à 2 kilomètres au S. du golfe de Forth, auquel l'unit en quelque sorte la ville de *Leith* qui lui sert de port.

Glascow, à l'O., sur la Clyde, la ville la considérable, la plus commerçante et la plus industrieuse du comté de *Lanark* et de toute l'Écosse ; célèbre par son université et ses belles imprimeries (environ 300,000 hab.). — Paisley (comté de Renfrew), un peu plus au S. O., sur un canal qui met Glascow en communication directe avec la côte orientale du golfe de la Clyde; l'une des villes les plus importantes de l'Écosse par son industrie et sa population (170,000 hab.) — Dundee (Forfar), plus au N., port très-commerçant, sur le golfe de Tay (100,000 hab). — Aberdeen, plus au N. E. encore, port très-commerçant à l'embouchure de la Dee, la ville la plus industrieuse et la plus considérable de tout le N. de l'Écosse; université et siège du vicaire apostolique catholique du district de la Grande-Bretagne (60,000 hab.). — — Greenock (Renfrew), port avec des chantiers de construction, à l'embouchure de la Clyde; l'un des plus commerçants du Royaume-Uni. — Saint-Andrews (Fife), plus au N. E., port sur la mer du Nord ; ancien archevêché primat d'Écosse avant la Réforme, son université est encore aujourd'hui la plus fameuse pour les études théologiques. — PERTH, plus au N. O. sur le Tay; jolie ville, ancienne résidence des rois d'Écosse, et aujourd'hui, l'une des plus industrieuses de ce royaume. — INVERNESS, à l'embouchure du canal Calédonien dans le golfe de Murray, entrepôt du commerce du N. de l'Ecosse.

§ III. IRLANDE.

14. SITUATION ET LIMITES. — La grande île d'IRLANDE (*Ireland*), la verte *Erin*, comme la nomment ses habitants, séparée de la Grande-Bretagne par le canal Saint-Georges, la mer d'Irlande et le canal du Nord, est entourée de tous les autres côtés par l'océan Atlantique. — Elle a environ 480 kilomètres dans sa plus grande longueur, depuis les caps *Mizen* ou *Clear*, au S. O., jusqu'au cap *Fair*, au N. E., sur 340 environ dans sa plus grande largeur, depuis la pointe *Carnsore*, au S. E , jusqu'à l'extrémité septentrionale du Connaught. Sa superficie est évaluée à 83,000 kilomètres carrés.

15. MERS. — Les mers que nous venons de nommer et qui entourent l'Irlande de toutes parts, découpent profondément les côtes en golfes, qui y forment un grand nombre de ports naturels, mis avec raison au nombre des plus vastes et des plus sûrs du monde. On en compte jusqu'à 14 capables de recevoir les plus grandes flottes de guerre. Nous nous bornerons à nommer : les baies de *Belfast*, de *Carlingford*, de *Dundalk*, de *Dublin*, et le havre de *Wexford*, sur la côte orientale; — les havres de *Waterford* et de *Cork*, sur la côte méridionale; — les baies de *Bantry*, *Dingle*, de *Galway*, de *Sligo* et de *Donegal*, sur la côte occidentale; — enfin le lac ou golfe *Swilly*, sur la côte septentrionale.

16. VERSANTS ET CHAINES DE MONTAGNES. — L'Irlande est divisée en deux versants : l'un incline vers la mer d'Irlande, l'autre vers l'océan Atlantique. — Les montagnes qui séparent ces versants sont peu élevées, car les plus hauts sommets de l'Irlande, dont aucun ne dépasse 1,300 mètres, se trouvent au voisinage des côtes; telles sont le *Macgillycuddy*, haut de 1,200 mètres, au S. O.; le *Croagh-Patrick*, cône de 836 mètres qu'on aperçoit de fort loin, lieu d'un célèbre pèlerinage, et le *Néphin*, 854 mètres, au N. O.; enfin le *Slieve-Donard*, 942 mètres, à l'E.

17. FLEUVES ET LACS PRINCIPAUX (CANAUX). — La plupart des golfes dont on vient de parler reçoivent quelqu'une des nombreuses rivières qui arrosent l'Irlande; mais la plus considérable de toutes, le *Shannon*, va, grossie des eaux de plusieurs lacs, se jeter dans l'Atlantique, sur la côte occidentale, par un large estuaire que les plus gros vaisseaux peuvent remonter jusqu'à *Limerick*, à 70 kilomètres dans l'intérieur des terres. — Les plus remarquables après lui sont : le *Blackwater*, qui débouche dans la baie de *Youghall*, sur la côte méridionale; le *Suir* et le *Barrow*, qui tombent dans le havre de Waterford; la *Liffey* et la *Boyne*, tributaires de la mer d'Irlande, — enfin le *Bann*, qui débouche sur la côte septentrionale, après avoir formé plusieurs cascades depuis sa sortie du lac *Neagh*, le plus considérable des innombrables lacs qui couvrent une partie du sol marécageux de l'Irlande. — Le grand nombre de rivières et de lacs de l'Irlande y a rendu facile l'établissement des canaux, parmi lesquels nous citerons seulement : le *Grand-Canal*, au centre, qui unit le havre de Dublin au Shannon à l'O., et au Barrow au S.; — les canaux de *Newry* et de *Lisburne*, au N. O., qui joignent le lac *Neagh* aux baies de *Carlinfgord* et de *Belfast*.

18. GRANDES DIVISIONS POLITIQUES. — CAPITALE (VILLES PRINCIPALES). — L'Irlande est divisée en quatre grandes provinces, savoir : l'*Ulster*, au N. ; le *Connaught*, au N, O. ; le *Leinster*, au S. E., et le *Munster*, au S. Ces provinces se subdivisent en 32 comtés, dont nous indiquerons les principaux en en décrivant les villes les plus importantes.

DUBLIN, à l'embouchure de la Liffey, du Grand Canal et du canal Royal, dans le havre de son nom; capitale du royaume; université, l'une des premières villes des îles Britanniques par sa population et son commerce (255,000 hab.).

BELFAST, plus au N. E., port sur la baie de son nom, formée par le canal du Nord; ville manufacturière et commerçante, la plus importante du N. de l'Irlande (55,000 hab.). — LIMERICK, port très-commerçant sur le Shannon, au milieu d'un pays riche et extrêmement fertile (70,000 hab.). — CORK, plus au S., la seconde ville de l'Irlande par sa population et son commerce, avec un port au fond du magnifique havre de son nom, assez vaste pour contenir toute la marine britannique; celle-ci a des chantiers et d'importants établissements à *Coves*, sur une île de cette baie que protégent de formidables batteries (87,000 hab.). — ARMAGH, au S. O. du lac Neagh, dont les archevêques catholique et anglican prennent tous deux le titre de primat d'Irlande. — COLERAINE (Londonderry), plus au N., port remarquable par ses pêcheries, sur le Bann, près de son embouchure dans l'Atlantique, et non loin de la fameuse *Chaussée des Géants*, formée de magnifiques colonnes basaltiques qui s'avancent à 200 mètres dans la mer. — Galway (Galway), plus au S., port vaste, mais peu profond, au fond de la baie de son nom : ville industrieuse et commerçante. — Maynooth (Kildare), au S. O. université catholique fondée en 1795. — Kilkenny, plus au S.O. encore, une des villes les plus industrieuses de l'Irlande. — Waterford, au fond du havre de son nom, sur la côte méridionale, avec un port vaste et profond formé par le Suir, qui assure la prospérité croissante de cette grande ville et de son commerce.

§ IV. géographie politique et statistique des iles britanniques.

19. Gouvernement. — Le gouvernement des Iles Britanniques est une monarchie représentative, héréditaire même pour les femmes, ainsi qu'on le voit aujourd'hui, à défaut d'héritier mâle de leur branche. Le souverain, seul dépositaire du pouvoir exécutif, partage la puissance législative avec le *parlement*, composé de deux chambres, celle des *lords* ou des *pairs*, dont la dignité est héréditaire, mais dont le souverain peut augmenter le nombre ; et celle des *communes*, dont les membres, au nombre de 658, sont élus, pour sept ans, par les comtés, les villes, les bourgs et les universités.

L'Angleterre, dont la capitale, Londres, est le siége du gouvernement, compte cinq cents représentants dans la chambre des communes, et fournit également à la chambre des pairs la plupart de ses membres.

L'Écosse, réunie depuis 1603 en un seul royaume avec l'Angleterre, a cessé, en 1706, d'avoir son parlement particulier, et envoie 16 pairs et 53 députés siéger au parlement anglais.

L'Irlande, conquise par l'Angleterre, il y a près de sept siècles, et qui, s'est vu enlever en 1801 son parlement national, est gouvernée par un lord lieutenant nommé par le gouvernement anglais, et résidant à Dublin. Elle est représentée dans le parlement britannique par 32 pairs, dont 1 archevêque et 3 évêques anglicans, et par 105 membres de la chambre des communes.

20. Population. — Races. — La population européenne du Royaume-Uni est d'environ 28 millions d'habitants, et ses possessions lointaines en comptent 150 millions (n° 22). — Le royaume d'Angleterre a 18 millions d'habitants, dont 911,000 seulement pour la principauté de Galles (n° 7). Cette population descend en grande partie des races de l'Europe septentrionale, qui, au moyen âge, firent la conquête de la Grande-Bretagne. Les Angles et les Saxons forment la masse de la nation ; les Northmans, derniers conquérants du pays, ont donné naissance à l'aristocratie territoriale, dont le type originaire s'est conservé jusqu'à nos jours. L'ancienne race bretonne subsiste encore avec la vieille langue celtique dans la principauté de Galles. — L'Écosse compte environ 3 millions d'habitants, descendant des Calédoniens (Scots et Pictes), auxquels se sont jointes quelques tribus scandinaves. Un certain nombre, dans la partie septentrionale, conserve, avec les coutumes et les mœurs de leurs ancêtres (les Scots), leur idiome national, la langue gaélique, dans laquelle le fameux chantre Ossian a composé ses poëmes. — L'Irlande, dont la population a considérablement diminué depuis quelques années par suite de la misère qui désole ce pays et des émigrations continuelles qu'elle entraîne, compte à peine aujourd'hui 7 millions d'habitants.

21. Religions. — Les habitants des îles Britanniques sont partagés en un grand nombre de cultes différents. — Dans le royaume d'Angleterre, l'immense majorité de la population, environ 16 millions d'âmes, suit la religion *anglicane*, l'une des branches de l'église calviniste, dont elle adopte tous les dogmes, mais en conservant la hiérarchie des archevêques et des évêques, qui sont même tous membres de la chambre des pairs. Le souverain, roi ou reine, est le chef de l'Église anglicane ou *épiscopale*, comme on l'appelle encore ; mais il reste étranger à tout ce qui concerne le dogme et la discipline. On compte en Angleterre environ un million de catholiques, qui sont actuellement admis à tous les droits politiques, et 15,000 juifs : le reste de la population se partage entre les diverses sectes de la religion protestante. — Les Écossais professent en très-grande majorité le *presbytérianisme*, secte protestante qui n'admet pas l'épiscopat et ne reconnaît que de simples pasteurs. — L'Irlande compte au moins 5 millions de catholiques, et environ 800,000 épiscopaux ou anglicans et 650,000 presbytériens. Les seconds, quoique infiniment moins nombreux que les premiers, ont, comme eux, et dans les mêmes villes, 4 archevêchés et 27 évêchés, et le clergé anglican jouit de revenus cinq fois plus considérables que le clergé catholique.

22. Colonies. — L'Empire Britannique étend sa domination sur un grand nombre de contrées répandues dans toutes les parties du monde. Ces vastes possessions offrent une superficie d'environ 13,000,000 de kilomètres carrés, et une population de près de 150 millions d'habitants. — Nous avons déjà indiqué les colonies anglaises en examinant les diverses parties du monde (*cours de troisième*); nous nous bornerons ici à en donner l'énumération. Elles comprennent :

En Europe : dans la mer du Nord, la petite île d'*Helgoland*, vis-à-vis les embouchures de l'Elbe et du Véser ; — *Gibraltar*, au S. de l'Espagne ; — l'île de *Malte* et ses dépendances, au S. de l'Italie ; — les *îles Ioniennes*, dans la mer de ce nom.

En Asie : *Aden*, en Arabie, et quelques îles du golfe Persique ; — une grande partie de l'*Hindoustan* et de l'*Indo-Chine*, avec *Ceylan* et plusieurs autres îles ; — *Hong-Kong*, sur les côtes de la Chine.

En Afrique : des établissements dans la *Sénégambie*, en *Guinée*, la grande colonie du *cap de Bonne-Espérance* ; — les îles *Sainte-Hélène* et de l'*Ascension*, *Maurice* avec les *Seychelles* ; — la côte de *Natal*.

En Amérique : l'immense territoire de la *Nouvelle-Bretagne*, avec les îles qui en dépendent, et le *Honduras*, la *Jamaïque* et les autres *Antilles Anglaises*, dans l'Amérique du Nord ; — la *Guyane Anglaise*, les îles *Falkland* et *Opparo* dans l'Amérique du Sud.

Dans l'Océanie, enfin : les vastes établissements nommés *Nouvelle Galle du Sud*, *Province Victoria*, etc., dans l'*Australie Anglaise*, les îles voisines ; la *Nouvelle-Zélande* et quelques îles moins importantes.

23. Ports principaux. — Aucune nation du monde ne possède un aussi grand nombre de ports que l'Angleterre, puissance essentiellement maritime qui a mis tous ses soins à multiplier dans ses possessions les lieux de construction et de relâche pour ses innombrables navires. Les principaux ports que nous avons indiqués dans l'énumération des villes les plus importantes, sont : en Angleterre, les ports de *Londres*, *Liverpool*, *Hull* ou *Kingston*, *Bristol*, *Chatam*, *Newcastle*, *Douvres*, *Southampton*, *Portsmouth* et *Plymouth* (ces deux derniers surtout pour la marine militaire) ; — en Écosse : les ports de *Leith*, *Dundee*, *Aberdeen*, *Greenock* ; — en Irlande : les ports de *Limerick*, *Cork*, *Belfast*, *Coleraine*, *Waterford*.

Dans les colonies : *Gibraltar* (Espagne), *Cité-Lavalette* (Malte), *Aden* (Arabie), *Calcutta*, *Bombay*, *Calicut*, *Cochin*, *Mazulipatam* (Hindoustan), *Trinkemalé* (Ceylan), *Amhers-Town*, *Merghi*, *Malakka*, *George-Town*, *Singapour* (Indo-Chine), *Hong-Kong* (Chine), *le Cap* (colonie du Cap), *Port-Natal* (Afrique orientale), *Port-Louis* (île Maurice), *Québec*, *Halifax* (Amérique du Nord), *Kingtown* (Jamaïque), *Sydney*, *Melbourne*, *Port-Lincoln*, *Port-Essington* (Australie).

24. Armée. — Marine. — Revenu. — L'Angleterre entretient une armée régulière qui, en temps de paix, s'élève à environ 130,000 hommes. Cette armée est répandue dans le royaume et dans toutes les possessions britanniques. La *Compagnie des Indes* entretient, en outre, à ses frais des troupes levées dans le pays, et souvent plus nombreuses que l'armée de la métropole. De plus, la *milice* et les cavaliers de la *yeomanry*, corps de volontaires organisés d'une manière analogue à la garde nationale, sont destinés au maintien de l'ordre et de la tranquillité. La marine militaire du royaume britannique est la plus puissante de l'Europe; elle se compose de plus de 700 bâtiments de tout rang, dont près de 100 vaisseaux de ligne, et parmi lesquels un grand nombre est muni d'appareils à vapeur; ils sont montés par plus de 60,000 hommes.

Les revenus publics, malgré de nombreuses réductions dans les taxes, s'élèvent à près de 1,300,000,000 de francs (51,850,000 livres sterling); le capital de la dette publique est de 19,198,000,000 de francs (767,946,051 livres sterling).

25. Éléments de puissance de l'Empire Britanique. — Les éléments de puissance de l'Empire Britanique sont, outre les *nombreuses colonies* que nous avons énumérées (n° 22), outre son *armée* et surtout sa *marine*, les abondantes ressources que fournissent sa *richesse en capitaux* et son *crédit*, ainsi que *l'industrie, l'intelligence et le patriotisme de ses habitants.* — Le sol, sans être d'une extrême fertilité, produit, grâce à une culture très-perfectionnée, d'abondantes récoltes, si ce n'est dans la partie montagneuse de l'Écosse et en Irlande, où le manque de capitaux et les immenses bogs ou tourbières qui couvrent une grande partie du sol s'opposent aux progrès de l'agriculture. L'Angleterre possède *d'excellents pâturages* qui nourrissent de magnifiques bestiaux. Le raisin n'y mûrit pas assez bien pour produire du vin, mais il y est remplacé par la *bière*, dont on fait une consommation considérable. — Le bois y est rare, mais est remplacé par la *houille*, qui s'y trouve en plus grande abondance qu'en aucune autre contrée du globe. Rapprochée presque partout d'inépuisables dépôts de *minerai de fer* qu'elle sert à mettre en œuvre, en même temps qu'elle alimente les innombrables usines qui couvrent l'Angleterre et qu'elle fournit le moteur de sa puissante *marine à vapeur*, la houille est ainsi l'un des grands éléments de la prospérité de la Grande-Bretagne. Après la houille et le fer, ses produits minéraux les plus importants sont *l'étain*, le *cuivre*, le *plomb* et le *sel* (n°ˢ 176, 178). Mais ce qui constitue surtout la richesse et la puissance de l'Empire Britanique, c'est son *industrie manufacturière* (n° 182), appliquée surtout aux *tissus* de *coton*, de *laine*, de *lin* et de *soie*, aux *métaux*, aux *cuirs*, aux *poteries*, aux *verreries*, à la *porcelaine*, etc., et dont la production annuelle dépasse 3 milliards et demi de francs. — L'immense commerce qu'alimentent tous ces produits, facilité à l'intérieur par un vaste système de *routes*, de *canaux* et de *chemins de fer* qui relient entre elles toutes les grandes villes, est vivifié et protégé à l'extérieur par une marine marchande et militaire, tant à voiles qu'à vapeur, de près de 27,000 bâtiments, dont 1,400 à vapeur, ce qui rend toutes les parties du monde tributaires de l'Angleterre.

QUESTIONNAIRE. — 1. Quelle est la position et l'étendue des Iles Britanniques ? — De quelles îles se compose cet archipel ? — Comment se divisent-elles ? — § Ier. 2. Quelles sont les limites de l'Angleterre ? — 3. Quelles mers l'entourent et quels golfes et péninsules y remarque-t-on ? — 4. Quelles sont les principales îles qui dépendent de l'Angleterre ? — 5. En combien de versants se divise-t-elle ? — Quelles sont ses principales chaînes de montagnes, et quels en sont les sommets les plus élevés ? — 6. Quelles rivières se jettent dans la mer du Nord, le canal de Bristol et la mer d'Irlande ? — Quels sont les lacs les plus importants ? — Quels sont ses principaux canaux ? — 7. Faites connaître ses divisions politiques et administratives. — Combien chacun des trois versants forme-t-il de comtés et quelles en sont les villes principales ? — § II. 8. Quelles sont les limites de l'Écosse ? — Quelles mers la baignent ? — 9. Quelles sont les îles qui en dépendent dans l'Atlantique ? — 10. En combien de versants se divise-t-elle ? — Quelles sont les principales chaînes de montagnes et quels en sont les sommets les plus élevés ? — 11. Quels sont les golfes formés par la mer du Nord et l'Atlantique, et quels fleuves reçoivent-ils ? — Quels sont les principaux canaux de l'Écosse ? — 12. Comment l'Écosse est-elle divisée ? — Combien de comtés comprend chacune de ses trois divisions ? — 13. Quelles sont ses villes principales ? — § III. 14. Quelle est la position et l'étendue de l'Irlande ? — 15. Quelles mers l'entourent et quelles baies forment-elles ? — 16. En combien de versants se divise-t-elle ? — Indiquez ses principales montagnes. — 17. Nommez les rivières qui arrosent l'Irlande. — Faites connaître ses principaux canaux. — 18. Comment est-elle divisée ? — Quelles sont ses villes principales ? — § IV. 19. Quel est le gouvernement des Iles Britanniques ? — Quelle part prend chaque royaume à la composition des chambres ? — 20. Quelle est la population totale des Iles Britanniques et celle de chaque royaume ? — 21. Quelles religions suit-elle ? — 22. Faites connaître l'étendue et la population des possessions lointaines de l'empire Britannique ? — Quelles sont ces possessions en Europe, en Asie, en Afrique, en Amérique et en Océanie ? — 23. Énumérez les principaux ports britanniques dans les diverses parties du monde. — 24. Quelle est la force de l'armée et de la marine ? — Quels sont les revenus et la dette de l'empire Britannique ? — 25. Faites connaître les divers éléments de puissance de cet empire.

CHAPITRE DEUXIÈME.

HOLLANDE. — BELGIQUE.

SOMMAIRE.

26. § Ier. Les Pays-Bas sont situés au N. O. des États de l'Europe; leur sol, au-dessous du niveau de la mer a été fertilisé par l'industrie des Hollandais. Il se divise en deux parties : 1° les Pays-Bas proprement dits, bornés par la mer du Nord, par la Belgique, la Prusse Rhénane et le Hanovre; 2° le grand-duché de Luxembourg entre la Belgique, la France et la Prusse Rhénane.

27. La mer du Nord y forme le Zuiderzée; les îles les plus célèbres sont celles du Texel au nord et de Walckeren au midi.

28. Les fleuves qui arrosent la Hollande sont l'Ems, le Rhin, divisé en plusieurs branches : Wahal, Leck et Yssel; la Meuse, l'Escaut et la Moselle, affluent du Rhin. De nombreux canaux, dont celui du Nord est le plus considérable, joignent ces fleuves entre eux.

29. Ce royaume est divisé en onze provinces : Groningue, Frise, Drenthe, Over-Yssel, Hollande Septentrionale, Hollande Méridionale, Utrecht, Gueldre, Zelande et Brabant.

30. Les principales villes sont Amsterdam et la Haye, capitales; Rotterdam, Maestricht, Flessingue, Utrecht et Luxembourg.

31. La population est de 3 millions d'habitants, descendant des Bataves, et la plupart protestants; les catholiques ont plusieurs évêchés. Le gouvernement est une monarchie représentative.

32. Les colonies, ayant 21 millions d'habitants, sont : en Afrique, la Mine et quelques autres ports en Guinée; — en Amérique : Curaçao, Saint-Eustache et la Guyane; — En Océanie : des établissements considérables à Sumatra, Java, Célèbes et Bornéo, et aux îles Timoriennes et Moluques.

33. Les ports principaux sont ceux d'Amsterdam, de Rotterdam, de Flessingue, de Paramaribo, de Batavia, etc.

34. La Hollande a 43,000 soldats, une flotte de 170 bâtiments, une industrie florissante et 152 millions de revenu.

35. § II. Le royaume de Belgique est situé entre la mer du Nord, la France, la Hollande et la Prusse Rhénane.

36. Il n'a pour montagnes que quelques sommets boisés détachés des Ardennes. La mer du Nord y reçoit l'Yser Il est en outre arrosé par la Meuse, grossie de la Sambre et de l'Ourthe, et par l'Escaut, grossi de la Senne, de la Dyle et des deux Nèthes. On y voit de nombreux canaux (de Gand à Bruges et à Ostende; de Bruxelles à Mons et à l'Escaut; du nord de Bruxelles à Venloo, ou de la Meuse à l'Escaut).

37. Il se divise en neuf provinces : Anvers, Flandre Occidentale, Flandre Orientale, Hainaut, Brabant, Limbourg, Liége, Namur, Luxembourg.

38. Les principales villes sont : Bruxelles, cap. ; Mons, Bruges, Gand, Anvers, Malines, Namur.

39. La population est de 4,430,000 habitants qui parlent le flamand et le français. La religion catholique domine ; il y a un vingtième de protestants. Le gouvernement est une monarchie représentative.

§ Ier. HOLLANDE OU ROYAUME DES PAYS BAS (1).

26. SITUATION ET LIMITES. — Le royaume des Pays-Bas ou de Néerlande (*Neerlanden*), appelé aussi *Hollande* du nom de la principale de ses provinces, est situé au N. O. de l'Europe, et pris entre le 49e et le 54e degré de latitude N., et entre le 1er et le 5e degré de longitude E. — Ce royaume est appelé Pays-Bas, parce que le sol en est si bas qu'il n'est préservé des irruptions de la mer qu'au moyen de fortes digues entretenues à grands frais et avec des soins infinis. L'industrie et l'activité des Hollandais ont transformé en champs bien cultivés et en excellents pâturages, les marais qui couvraient la plus grande partie de leur pays, dont le climat est toujours humide et variable. La fabrication des toiles et la pêche du hareng procurent d'immenses revenus à ce peuple industrieux, qui avait avant les Anglais le monopole du commerce dans toutes les parties de l'univers. — Ce royaume est composé de deux parties séparées l'une de l'autre, savoir : 1° le royaume des *Pays-Bas* proprement dit, limité ou N. et à l'O. par la mer du Nord, au S. par la Belgique, et à l'E. par la Prusse rhénane et le Hanovre ; et 2° le *grand-duché de Luxembourg* ou *Luxembourg Néerlandais*, plus ou S. E., borné au N. et à l'O. par la Belgique, qui le sépare des Pays-Bas ; par la France au S. et par la Prusse rhénane à l'E. — Sans y comprendre cette province, le royaume des Pays-Bas a 320 kilomètres du N. au S., sur 200 environ dans sa plus grande largeur, et, avec le Luxembourg, à peu près 35,700 kilomètres carrés de superficie.

27. MER ET ILES PRINCIPALES. — Les Pays-Bas sont compris en entier dans le bassin de la mer du Nord. Celle-ci forme le vaste golfe du *Zuider-zée*, produit au treizième siècle par une inondation immense qui unit à la mer l'ancien lac *Flevo*. Le Zuider-zée communique au S. avec un lac salé nommé mer de *Harlem*, que d'immenses travaux tendent à dessécher. Outre

---

(1) Consulter dans mon *Atlas historique et géographique à l'usage des colléges*, la carte des PAYS-BAS.

l'Ems, petit fleuve qui borne les Pays-Bas au N. E., la mer du Nord réunit encore, sur les côtes occidentales de ce royaume, trois autres fleuves, qui, en y confondant ensemble leurs nombreuses embouchures, découpent toute cette portion du pays en une foule d'îles de toute grandeur. Les principales îles sont au N. *Texel*, la plus remarquable vis-à-vis de l'embouchure du canal du Nord (n° 28), *Wieland, Ter Schelling, Ameland*; au midi, celles de *Walckeren, Béveland* (N. et S.), *Schouwen* et *Beyerland*.

28. FLEUVES (CANAUX). — Les trois fleuves nommés ci-dessus (7), sont : — le *Rhin*, qui arrive de la Prusse rhénane, se partage, dès son entrée, en deux bras, dont le plus méridional prend le nom de *Wahal*, et va se réunir à la Meuse, tandis que celui qui conserve le nom de *Rhin* se subdivise encore en plusieurs autres; l'un de ceux-ci continue son cours vers le N. O., sous le nom de *Vieux-Rhin*, et va se jeter dans la mer du Nord au-dessous de *Leyde* (n° 30); un autre se dirige au N. sous le nom d'*Yssel*, pour aller tomber dans le Zuider-zée; et un troisième, prenant le nom de *Leck*, va au S. O. se joindre à la Meuse et au Wahal réunis. — La *Meuse*, le second des fleuves qui arrosent les Pays-Bas, arrive de la Belgique et va, grossie, comme nous venons de le dire, du Wahal et du Leck, se jeter dans la mer du Nord par plusieurs larges embouchures, dont l'une va se confondre avec la plus orientale de celles de l'*Escaut*, qui est le troisième des fleuves dont nous avons à parler. Ce dernier, venu aussi de la Belgique et de la France, va également tomber dans la mer du Nord par plusieurs embouchures, dont les plus remarquables prennent les noms d'*Escaut oriental* et d'*Escaut occidental*, ou de *Hont*. — On peut ajouter à ces fleuves la rivière de la *Moselle*, affluent du Rhin, laquelle à sa sortie de France, forme la limite orientale du grand-duché de Luxembourg.

Toutes ces rivières sont navigables et unies entre elles par une infinité de canaux entretenus avec grand soin et formant un système complet de communications économiques extrêmement suivies. Le plus remarquable de tous est le *canal du Nord* ou d'*Alkmaar*, de 72 kilomètres de longueur, dont les dimensions sont telles qu'il amène les plus grands bâtiments de commerce, et même des frégates du port du *Helder*, situé sur la mer du Nord, jusque dans celui d'*Amsterdam*, en évitant la navigation dangereuse du Zuider-zée.

Ce que nous venons de dire de la nature du sol des Pays-Bas indique assez qu'il n'y a pas de montagnes dans ce pays. Les seules hauteurs qu'on y remarque se trouvent dans le Luxembourg, et sont formées par les ramifications boisées de la petite chaîne française des Ardennes, qui se prolonge jusque dans cette partie des Pays-Bas.

29. DIVISIONS POLITIQUES. — Depuis la révolution qui,

au mois de septembre 1830, a séparé la Hollande et la Belgique, réunies en un seul royaume en 1814, les Pays-Bas ne se composent plus que de onze provinces, comprises autrefois sous le nom de république des *Provinces-Unies* ou *Hollande*. Deux de ces provinces, le duché de LIMBOURG, au S. E., et le grand-duché de LUXEMBOURG, appartiennent à la Confédération Germanique. Les autres provinces sont :
— celles de *Groningue, Frise, Drenthe, Over-Yssel, Hollande* (subdivisée en Hollande septentrionale et méridionale), *Utrecht, Gueldre, Zélande* et *Brabant*.

30. CAPITALE (VILLES PRINCIPALES). — Les principales villes de ces provinces sont : — AMSTERDAM, sur le Zuider-zée, véritable capitale du royaume, quoiqu'elle ne soit pas la résidence du souverain ; l'une des plus belles, des plus industrieuses, des plus riches et des plus florissantes villes du monde ; évêché (220,000 hab.). Elle est traversée par l'Amstel, dont le pont est un de ses plus beaux monuments, et par un grand nombre de canaux qui la divisent en près de 100 îles unies par 200 ponts. — LA HAYE (S' *Gravenhaye*), au S. O. d'Amsterdam, résidence habituelle du roi des Pays-Bas ; siège des états-généraux et capitale de la *Hollande méridionale* (64,000 habitants). On la regarde comme un bourg, parce qu'elle n'a ni portes ni murailles.

LEYDE, sur le vieux Rhin, fameuse par son université. — ROTTERDAM, sur la Meuse, que les plus gros vaisseaux peuvent remonter jusque dans son port ; la seconde ville des Pays-Bas par son industrie, son commerce et sa population ; patrie d'Érasme. (80,000 habitants.) — UTRECHT, au S. E. d'Amsterdam, capitale de la province de son nom, fameuse par l'UNION de 1579, qui fut le fondement de la république des Provinces-Unies, par le congrès de 1713, qui pacifia l'Europe, et par son université. — HARLEM, à l'O. d'Amsterdam, sur le lac ou la mer de son nom ; capitale de la *Hollande septentrionale* ; elle dispute à Mayence la gloire d'avoir inventé l'imprimerie. — MAESTRICHT, sur la Meuse, forteresse importante, capitale du duché de *Limbourg*, mais non comprise dans la Confédération Germanique.
— LUXEMBOURG, au S. E. sur l'*Alzette*; capitale du grand-duché de *Luxembourg*; l'une des forteresses de la Confédération Germanique et des plus fortes places de l'Europe. — GRONINGUE, au N. E. du royaume, capitale de la province de son nom, avec une université. — ZAANDAM, appelé par corruption SAARDAM, sur le Zuider-zée ; chantier de construction célèbre par le séjour qu'y fit Pierre le Grand. — NIMÈGUE, sur le Wahal, avec un château bâti, dit-on, par Charlemagne ; remarquable par la

paix de 1679 ; place très-forte et la ville la plus importante et la plus peuplée de la province de *Gueldre,* qui a pour capitale ARNHEIM, plus au N. E., sur le Rhin. — BOIS-LE-DUC, plus au S. O., ville très-forte, renommée par les belles toiles qui s'y fabriquent ainsi qu'aux environs ; évêché et capitale du *Brabant septentrional* ou *Néerlandais* — MIDDELBOURG, plus à l'O., dans l'île de *Walckeren* (n° 27), l'une des principales formées par les bouches de l'Escaut ; capitale de la province de *Zeelande* nom qui signifie *terre maritime,* parce qu'elle est presque toute composée d'îles formées par les embouchures de l'Escaut et de la Meuse. — FLESSINGUE, sur la côte méridionale de cette même île de Walckeren, place forte et le principal port militaire des Pays-Bas.

31. GOUVERNEMENT, POPULATION, RACES ET RELIGIONS. — Le royaume des Pays-Bas a plus de 3 millions d'habitants, dont la majeure partie parle le *hollandais,* l'un des dialectes de la langue teutonique. — Cette population, descendant des anciens Bataves, auxquels se sont mêlés au moyen âge beaucoup de Northmans, se partage entre les diverses branches de la religion réformée ; mais la majorité professe le calvinisme. Les catholiques possèdent plusieurs évêchés, et les juifs sont assez nombreux. — Le gouvernement est une monarchie représentative, dans laquelle le roi partage le pouvoir législatif avec les *États généraux,* qui se composent de deux chambres, l'une, formée de membres nommés à vie par le roi, et l'autre, des députés de la noblesse, de la bourgeoisie et des paysans élus pour trois ans.

32. COLONIES. — Le royaume des Pays-Bas, autrefois célèbre par l'extension de ses colonies dans toutes les parties du monde, a beaucoup perdu de ses possessions lointaines, il en conserve pourtant encore qui comprennent environ 1 million de kilomètres carrés et 21 millions d'habitants. — Les principales de ses colonies sont :

En Afrique : le fort de *la Mine* ou *El-Mina,* et quelques autres petits ports, sur la côte de Guinée.

En Amérique : 1° les îles de *Curaçao* et de *Saint-Eustache,* dans l'archipel des Antilles ; — 2° la *Guyanne néerlandaise* ou *hollandaise,* sur la côte orientale de l'Amérique du sud.

Dans l'Océanie enfin, de nombreuses et très-importantes possessions dans les grandes îles et les archipels de la Malaisie ; savoir : la plus grande partie des îles de *Java,* de *Sumatra* et de *Célèbes,* avec plusieurs des petites îles voisines, une grande portion des archipels des *îles Timoriennes* et des *Moluques*, une partie de la grande île de *Bornéo*, etc.

33. Ports principaux. — Les ports principaux qui appartiennent à la Hollande, sont, en Europe, ceux d'*Amsterdam*, de *Rotterdam*, *Zaandam*, *Briel*, *Flessingue* ; dans les colonies : *Saint-Eustache* (Antilles), *Paramaribo* (Guyane), *Batavia* (Java), la *rade de Macassar* (Célèbes), *Concordia de Coupang* (Timor), etc.

34. Armée. — **Marine.** — **Revenu.** — L'armée monte à 45,000 hommes. La marine militaire compte 170 bâtiments, dont 7 vaisseaux et 17 frégates.

Les revenus de l'Etat s'élèvent à 152 millions de francs.

§ II. BELGIQUE (1).

35. Situation et limites. — Le royaume de Belgique, compris entre le 49° et le 52° degré de latitude boréale e entre le 0° et le 4° degré de longitude orientale, est limité au N. O. par la mer du Nord, au S. O. et au S. par la France, à l'E. par les provinces Néerlandaises et Prussiennes de la Confédération germanique, et au N. E. par les Pays-Bas. — Il a 290 kilomètres dans sa plus grande longueur, depuis le rivage de la mer du Nord jusqu'à la limite S. E. du Luxembourg belge, sur 180 kilomètres de largeur, de l'extrémité N. E. de la province d'Anvers à la limite S. du Hainaut. Sa superficie égale environ 29,000 kilomètres carrés.

Le climat de la Belgique est généralement humide et assez froid, et même peu salubre dans les régions marécageuses du N. O. — Le sol des *Flandres*, d'une grande fertilité et admirablement cultivé, produit en abondance des céréales, du lin, du chanvre, des graines oléagineuses, du houblon, toutes sortes de légumes et des fourrages excellents, qui nourrissent une très bonne race de chevaux et un nombre considérable de bêtes à cornes. Les provinces orientales, en grande partie sablonneuses, sont presque stériles ; celles du S. E. renferment d'immenses richesses minérales, surtout en houille, fer, zinc, marbres et eaux minérales. Mais c'est surtout par son industrie que la Belgique tient un des premiers rangs entre les Etats de l'Europe : ses draps, ses toiles, ses dentelles sont célèbres dans le monde entier : il faut y ajouter les étoffes de coton, les produits métallurgiques, les verreries, etc. — Tous ces produits alimentent un immense commerce, favorisé lui-même par le

---

(1) Consulter, dans mon *Atlas historique et géographique à l'usage des colleges*, la carte de la BELGIQUE et des PAYS-BAS.

grand nombre de communications intérieures que possède la Belgique, le mieux partagé des Etats du continent sous ce rapport. Ses canaux sont très-multipliés, ses routes passent pour les plus belles de l'Europe, et un système de chemins de fer, dont *Malines* est le centre, relie entre elles toutes les principales villes et toutes les provinces du royaume, au moyen de quatre grandes lignes, dont la première se dirige à l'O. par *Gand* et *Bruges* sur *Ostende*, l'autre au S. par *Bruxelles* et *Mons* sur la *France*. La troisième à l'E. par *Louvain* et *Liége* sur la *Prusse Rhénane*, et enfin la quatrième au N. par *Anvers* sur la *Hollande*.

36. MONTAGNES PRINCIPALES. — FLEUVES PRINCIPAUX (CANAUX). — La Belgique présente l'aspect d'une vaste plaine entrecoupée de vallées couvertes de gras pâturages et de quelques collines ombragées de forêts ; dans la partie S. E. du royaume, ces collines s'élèvent assez pour mériter le nom de montagnes, bien que le plus élevé des sommets de ce prolongement de la chaîne des *Ardennes*, celui des *Fagnes*, au S. E. de Liége, n'atteigne que 622 mètres de hauteur.

Ce royaume appartient tout entier au versant de la mer du Nord. Outre le petit fleuve de l'*Yzer*, dont le cours longe presque le rivage, il est arrosé par l'*Escaut* et la *Meuse*, entre les deux bassins desquels se partage à peu près également le territoire belge ; ces fleuves venus l'un et l'autre de la France, vont tous deux terminer leur cours dans les Pays-Bas. — L'*Escaut*, qui arrose toute la partie centrale de la Belgique, s'y grossit, par sa rive gauche, de la *Lys*, et par sa droite, de la *Trouille*, de la *Dender* et du *Ruppel*, formé par la réunion de la *Dyle* grossie de la *Senne*, et de la *Grande-Nèthe* grossie de la *Petite-Nèthe*. — La *Meuse*, qui arrose la partie orientale de la Belgique, y reçoit, par sa rive gauche, la *Sambre*, venue comme elle de la France, et, par sa droite, l'*Ourthe*, née dans le Luxembourg belge.

De nombreux canaux, assez profonds et assez larges pour porter des bâtiments de deux à trois cents tonneaux (1), unissent entre elles les diverses rivières de la Belgique et sillonnent en tous sens ce pays ; les principaux sont : — celui de *Gand à Bruges et à Ostende*, avec embranchement sur *Nieuport, Furnes* et *Dunkerque*, qui établit la communication entre l'Escaut et la mer du Nord par les provinces occidentales du royaume ; — le canal de *Gand à Terneuse*, dans les Pays-Bas, qui met la première de ces villes en communication directe avec les embouchures de l'Escaut ; — celui de *Bruxelles à Mons* et de *Mons à l'Escaut*, alimenté par la *Trouille* et la *Haine*,

---

. (1) Le *tonneau*, représente un poids de mille kilogrammes.

petites rivières tributaires de l'*Escaut*, que ce canal met aussi en communication avec la *Sambre*, et par conséquent avec la *Meuse*, au moyen d'un embranchement dirigé sur *Charleroi*; — le canal de *Bruxelles au Ruppel*, rivière qu'un autre canal unit avec la *Dyle à Louvain*; — enfin le *canal du Nord*, d'Anvers à *Venloo*, ville des Pays-Bas situé sur la Meuse, qui se trouve ainsi jointe à l'Escaut.

37. Grandes divisions politiques. — Le royaume de Belgique est divisé en 9 provinces, savoir : *Anvers, Flandre Occidentale, Flandre Orientale, Hainaut, Brabant, Limbourg, Liége, Namur, Luxembourg;* elles sont subdivisées, comme les départements français, en arrondissements, en cantons et en communes.

38. Capitale (villes principales). — **Ports principaux.** — Les villes les plus importantes de la Belgique, sont : — BRUXELLES, sur la Senne, capitale de la Belgique et de la province du *Brabant méridional*. Située à peu près au centre du royaume, cette ville industrielle, commerçante et riche, siége du gouvernement et de l'université libre de Belgique, est ornée de beaux édifices et de promenades, dont la plus fréquentée est le beau jardin public du *Parc* (145,000 hab.). A 3 kilomètres au N. on trouve le joli village avec le magnifique château de *Lacken*.

Le funeste champ de bataille de *Waterloo* et de *Mont-Saint-Jean*, où Napoléon livra sa dernière bataille, est à 16 kilomètres S. E. de la même ville. — *Louvain*, plus au N. E., à la jonction du canal de son nom et de la Dyle, remarquable par son université catholique, par son hôtel de ville, le plus bel édifice gothique de la Belgique, et par ses brasseries renommées (25,000 hab.). — Mons, au S. O., sur la Trouille, capitale de la province du *Hainaut*, est extrêmement forte : aussi a-t-elle soutenu plusieurs siéges, dont le plus célèbre est celui qu'en fit Louis XIV, qui s'en empara en 1691. Elle est unie par le canal de *Mons a Condé* à la ville française qui porte ce dernier nom; ce canal transporte et introduit en France les houilles et les marbres exploités aux environs de Mons. — *Charleroi*, à l'E., à la jonction du canal de son nom et de la Sambre, qui servent de débouchés à ses immenses exploitations de fer et de houille; ville forte qui fut plusieurs fois prise et rendue par les Français.— *Tournai*, plus à l'O., sur l'Escaut, évêché, ville forte et la plus peuplée du Hainaut (31,000 hab.). Elle est remarquable par sa cathédrale, ses belles manufactures de tapis et de porcelaines, et par la découverte qu'on y a faite, en 1653, du tombeau du roi Childéric. — Bruges, évêché, beaucoup plus au N. O., capitale de la *Flandre occiden-*

tale, ornée de beaux édifices, entre lesquels on remarque surtout son hôtel de ville et sa cathédrale, où se voient les tombeaux de Charles le Téméraire et de sa fille Marie (51,000 hab.). Cette ville, qui était, au moyen âge, la plus industrieuse, la plus commerçante et la plus riche des cités Flamandes, conserve encore quelques restes de cette prospérité, grâce surtout au canal qui la met en communication avec *Ostende*, port de mer fortifié et le plus important de la Belgique après Anvers.
— *Ypres*, au S. O. de Bruges, dont son industrie, encore florissante, la rendit jadis la rivale; elle communique aussi avec la mer par un canal, et possède de beaux édifices gothiques.
— *Courtrai*, plus au S. E. sur la Lys, renommée par ses toiles et son beau linge de table. — Gand, plus au S. E., capitale de la *Flandre orientale*, au confluent de l'Escaut, de la Lys et d'autres petites rivières qui la partagent en vingt-six îles réunies par un grand nombre de ponts. Ces diverses rivières, et les canaux qui partent de Gand, favorisent l'industrie et le commerce de cette ville, qui tient le premier rang dans le royaume sous ce rapport; son étendue, son ancienne citadelle, ses beaux édifices, ses places, ses promenades et ses quais magnifiques attestent l'ancienne prospérité de cette cité, patrie de l'empereur Charles-Quint. Elle doit aussi une partie de son importance actuelle à son évêché, à son université et à ses nombreux établissements scientifiques (107,000 hab.). — Anvers, plus au N. E., capitale de la province du même nom, évêché sur l'Escaut, qui y forme un port magnifique. Les travaux exécutés par ordre de Napoléon 1er, pendant que la Belgique appartenait à la France, ont fait d'Anvers le premier port du royaume pour la marine de commerce et celle de guerre. Elle est la patrie de Rubens et de plusieurs autres peintres distingués. Les Français l'ont enlevée aux Hollandais, en 1832, à la suite d'un siége difficile et glorieux (96,000 hab.).
— *Malines*, au S. E. d'Anvers, près de la Dyle, jolie ville, qui doit son importance à son archevêché, le seul du royaume, et à ses fabriques de dentelles. — Liége, située près du confluent de l'Ourthe avec la Meuse; capitale de la province de son nom, évêché, remarquable par sa vaste et forte citadelle, son université, sa fonderie de canons, ses fabriques d'armes à feu et ses mines de houilles; patrie du compositeur Grétry (82,000 hab.). — Le bourg de *Spa*, plus au S., est renommé par ses eaux minérales et ses ouvrages en bois. — Namur, au S. O. de Liége, et, comme elle, capitale de la province de son nom, est aussi une ville épiscopale, industrieuse et commerçante, à laquelle sa forte position, au confluent de la Sambre et de la Meuse, permit de soutenir un long siége contre Louis XIV en 1692.

39. Gouvernement. — Population. — Races et

RELIGIONS. — ARMÉE. — La Belgique, renfermant (1850) 4,426,200 habitants ou 151 par kilomètre carré, est ainsi le plus peuplé des États de l'Europe relativement à son étendue. La population est issue du mélange des races gauloise et germaine. — Le *flamand*, l'un des dialectes de la langue teutonique, est la langue naturelle de la Belgique; mais le *français*, dont l'usage est très-répandu dans tout le royaume, et surtout dans les provinces méridionales, est la langue de l'administration et du commerce. — L'immense majorité de la nation belge professe la *religion catholique*; cependant un vingtième environ de la population se compose de *luthériens*, habitant surtout les provinces de l'E., et de *juifs* répandus dans toutes les provinces. — Le gouvernement de la Belgique est une monarchie héréditaire et représentative. Le pouvoir exécutif est exercé par le *roi* et des ministres responsables, et le pouvoir législatif par un *sénat* de 51 membres et une *chambre de représentants* au nombre de 102, élus les premiers pour huit ans et les autres pour quatre ans par les mêmes électeurs. — L'armée, dont l'effectif en temps de paix n'est que de 30,000 hommes, peut être portée à 100,000 hommes en cas de guerre.

QUESTIONNAIRE. — § I. 26. — Quelle est la position du royaume de Hollande et son étendue ? — 27. Au bassin de quelle mer appartient-il ? — Quelles îles avez-vous à signaler ? — 28. Quels fleuves l'arrosent ? — Quels canaux joignent ces fleuves entre eux ? — 29. Comment se divise ce royaume ? — Nommez-en les provinces. — 30. Faites connaître ses villes principales. — 31. Quelle est la population, la langue, la religion, le gouvernement ? — 32. Quelles sont les principales colonies hollandaises ? — 33. Quels sont les ports principaux qui appartiennent aux Hollandais ? — 34. Faites connaître l'armée, la marine, l'industrie et les revenus de la Hollande. — § II. 35. Quelle est la position de la Belgique, son étendue ? — 36. Faites connaître ses montagnes. — Quels sont ses cours d'eau les plus importants ? — 37. Comment se divise-t-elle ?—Faites-en connaître les provinces.— 38. Quelles en sont les villes principales ? 39. Quelle est la population, la langue, la religion et le gouvernement? — Quel est l'effectif de l'armée ?

CHAPITRE TROISIÈME.

SUÈDE ET NORVÈGE. — DANEMARK.

SOMMAIRE.

40. § Ier. La monarchie suédo-norvégienne, la plus septentrionale de l'Europe, est bornée par l'océan Boréal, l'Atlantique, la mer du Nord, le Skager-Rack, la Baltique, le golfe de Botnie et la Russie.
41. Les mers qui entourent la Scandinavie forment plusieurs golfes, savoir : l'océan Glacial, ceux de Varanger et Porsanger ; l'Atlantique, le grand golfe Occidental et ceux de Trondhiem et de Bukke et celui de Christiana. Les principaux détroits sont le Skager-Rack, le Sund et ceux de Kalmar et d'Aland.
42. Les principales îles sont : — à la Suède, celles d'OEland, de Gotland et l'archipel de Stockolm ; — à la Norvége : le grand archipel des Loffoden et des Tromsen, au N., et le groupe des îles Helgoland.
43. Les montagnes sont les Alpes scandinaves qui prennent divers noms et s'étendent du S. au N.
44. Les principaux lacs sont ceux de Vener, Vetter et Mœlar. — Les quatre versants sont : 1° celui de l'océan Glacial où coule le Tana ; 2° celui de l'Atlantique qui reçoit le Namsen ; 3° le versant sud où coulent le Glommen, le Gœta et la Motala ; 4° celui du golfe de Botnie qui reçoit le Dal, la Pitéa, la Luléa, l'Uméa, la Tornéa. Plusieurs canaux unissent les fleuves de la Suède.
45. La Suède se divise en vingt-quatre lœn ou préfectures, réparties en trois provinces de Gothie, Svéaland et Norrland ; la Norvège en trois régions : Sœndenfields, Nordenfields, Nordland, divisés en cinq diocèses et dix-sept bailliages.
46. Les principales villes de Suède sont Stockholm, capitale ; Upsal, Gœteborg et Kalmar. Les principales villes de Norvège sont Christiana, capitale ; Christiansand, Bergen et Trondhiem ou Drontheim.
47. Le gouvernement est une double monarchie représentative sous un seul souverain. La population de 5,000,000 hommes, de races gothique et scandinave, est luthérienne.
48. La seule colonie de la monarchie est Saint-Barthélemi aux Antilles. Les ports principaux sont ceux de Stockolm, Gœteborg, Kalmar, Christiania, Christiansand, Drontheim, Gustavia. Elle a 160,000 soldats et 450 bâtiments.
49. § II. Le Danemark, composé de plusieurs îles et de la presqu'île du Jutland, est borné par la mer Baltique, les détroits qui unissent cette mer à la mer du Nord (le Sund, le Grand et le Petit Belt), la mer du Nord et l'Elbe.
50. Les princ'paux fleuves sont l'Elbe, l'Eider et la Trave.

51. Le royaume se divise en sept stifts ou diocèses : trois dans les îles et quatre dans le Jutland; et trois duchés : Schleswig, Holstein et Lauenbourg, dont les deux derniers appartiennent à la Confédération Germanique. Les principales villes sont : Copenhague, capitale, dans l'île de Séeland ; Odensée dans celle de Fionie; Maribœe dans celle de Laaland ; Aalborg et Aarhuus dans le Jutland ; Schleswig dans le Schleswig; Gluckstadt dans le Holstein et Lauenbourg dans le Lauenbourg.

52. La population descendant des Goths dépasse 2 millions d'habitants, ils sont luthériens. Le gouvernement est une monarchie représentative.

53. Le Danemark possède les îles Fœrœe, plusieurs forts sur la côte de Guinée et le Groenland, l'Islande, et les îles Sainte-Croix et Saint-Thomas aux Antilles.

54. Les principaux ports sont ceux de Copenhague, Aarhuus, Flensborg, Gluckstadt, Altona, Reikiavik.

§ 1er. — SUEDE ET NORVEGE.

40. SITUATION ET LIMITES. — La double monarchie suédo-norvégienne, la plus septentrionale de l'Europe, composée de la Suède à l'E. et de la Norvège à l'O., est comprise entre les 55e et 71e degrés de latitude septentrionale, et entre les 2e et 29e degrés de longitude orientale. — Elle est renfermée dans la grande presqu'île de l'ancienne *Scandinavie*, et bornée au N. par l'océan boréal ou Glacial Arctique ; à l'O. par l'océan atlantique et la mer du Nord; au S. par le Skager-Rack et la Baltique, et à l'E. par la Baltique, le golfe de Botnie et la Russie.

Le climat de la Suède est généralement froid, et son sol peu productif, si ce n'est vers le S. ; plusieurs des lacs dont elle est remplie ont un aspect agréable. La Norvège est presque tout entière hérissée de montagnes qui produisent en abondance des bois propres à la construction des vaisseaux, et qui sont l'objet d'un grand commerce. Les parties septentrionales, ou *Finmark*, comprennent la partie de la *Laponie* qui appartient au royaume de Norvège. Cette contrée, où le plus long jour et la plus longue nuit durent trois mois, ne renferme que quelques misérables bourgades. Les habitants de ce pays sont remarquables par leur petite taille et fort superstitieux ; ils tirent un grand parti d'un animal précieux, nommé le *renne*, qui ne peut vivre que dans les régions septentrionales; ils l'attellent aux traîneaux dont ils se servent pour voyager dans ces contrées couvertes presque toute l'année de neige et de glace; ils en mangent la chair et en boivent le lait. — La Suède et la Norvège renferment beaucoup de mines de fer et de cuivre; et même quelques-unes d'or et d'argent.

41. MERS. — Les mers qui baignent la monarchie suédo-norvégienne sont la mer Baltique à l'E., et l'océan Atlantique à l'O. et au N., ainsi que les divers détroits qui unissent ces deux mers (n° 40). L'immense étendue des côtes de la péninsule Scandinave est découpée dans toutes ses parties par une innombrable quantité de golfes, appelés *fiords* dans la langue du pays. Après le grand golfe de *Botnie*, nous en nommerons seulement 8, savoir : le golfe *Varanger*, à l'extrémité N. E.; — les 3 golfes de *Tana*, *Lags* et *Porsanger*, au N., formés, ainsi que le précédent, par l'océan Boréal; — le grand golfe *Occidental* et le golfe de *Drontheim* ou *Trondhiem*, à l'O.; — le golfe de *Bukke*, au S. O.; — le golfe de *Christiania*, au S. — Les détroits sont également innombrables sur les côtes de la Suède et de la Norvège, bordées aussi, presque dans toute leur étendue, d'îles de toute grandeur; les seuls remarquables sont : — le *Sund*, au S., entre l'île de Séeland et la Suède; — le détroit de *Kalmar*, qui sépare du continent suédois la longue île d'Œland, au S E.; — le canal d'*Aland*, entre le petit archipel du même nom et la Suède; — le détroit de *Quarken*, nom donné à la partie la plus resserrée du golfe de Botnie.

42. Iles principales. — Les îles dépendantes de la Suède sont situées au S. E. de ce royaume, dans la mer Baltique; les principales sont : la longue île d'OELAND, séparée du continent par le détroit de Kalmar, et comprise dans la préfecture de cette ville; capitale *Borgholm*, port sur le détroit de Kalmar. — GOTTLAND, plus au N. E., grande île qui forme une préfecture, et qui a pour capitale le port commerçant de *Wisby*, au N. O. — L'ARCHIPEL DE STOCKHOLM, plus au N., composé d'un grand nombre de petites îles dont aucune ne mérite d'être nommée.

Parmi les îles qui bordent, comme nous l'avons dit, toutes les côtes de la Norvège, nous citerons le grand archipel des îles LOFFODEN, au S. O. desquelles se trouve le tourbillon du *Malstrœm*, et dont l'île la plus remarquable est *Ost-Vangen*, rendez-vous d'une flotte de 3,000 barques de pêcheurs qui viennent chaque année, au mois de février et de mars, y pêcher le hareng. — La partie septentrionale de cet archipel, désignée ordinairement sous le nom d'îles TROMSEN, comprend : — l'île de *Tromsœ* avec une ville du même nom, centre du commerce de ces contrées, et celle de *Qvalœ* ou île des Baleines, où se trouve le port très-commerçant de *Hammerfest*, la ville la plus septentrionale de l'Europe.

Au S. O. de ce grand archipel est situé le groupe des îles Helgeland, où se trouve, dans celle d'*Alstenœe*, *Belsvaag*, résidence de l'évêque du Nordland. — Plus au S. O. encore, on remarque le petit groupe des îles *Vigten*, d'où partit, dit-on, Roll ou Rollon, le conquérant de la Normandie. — Enfin, au S. O. de Bergen, est celle de *Fidje Storœe*, qu'on prétend avoir été la résidence de Harald, premier roi de Norvège.

43. Versants et chaines de montagnes. — La grand péninsule Scandinave est traversée dans toute sa longueur, du N. E. au S. O., et divisée en quatre versants (voir n° 44), par la longue chaîne des *Alpes Scandinaves*, qui prend un grand nombre de dénominations différentes, parmi lesquelles nous citerons seulement : les monts *Kiœlen*, au N. et au centre, les monts *Dover* ou *Dovre-Field*, et par corruption *Dofrines*, nom improprement attribué à toute la chaîne, dont ils ne forment qu'une petite partie, au S. O. de l'endroit où elle se partage en deux grands rameaux, dont l'un continue à se diriger vers le S. O. sous les noms de *Lang-Field*, *Sogne-Field* et *Hardanger Field*, et va se terminer au cap *Lindes* ou *Lindes-Nœs*, tandis que l'autre rameau se dirige directement au S., sous le nom de *Seveberg*, (l'ancien mont *Sevo*). — Les plus hautes montagnes se trouvent dans les Hardanger-Field, où le sommet du *Nor-Ungerne* dépasse 2,450 mètres de hauteur, et dans les Dover-Field, où le *Snœe-Hœttan* et le *Skagestœllind* atteignent environ 2,300 mètres. Ces montagnes, quoique bien moins célèbres que celles des Alpes de Suisse, n'offrent pourtant pas de moindres beautés naturelles; nous nous bornerons à citer la magnifique chute de *Rœgenfoss*, qui a 282 mètres de haut, et celle de *Feiumfoss*, qui en a 200.

44. Fleuves et lacs principaux. — Outre les grands lacs *Vener*, *Vetter* et *Mœlar*, qui sont au nombre des plus considérables de l'Europe, on en trouve encore une foule d'autres dans la péninsule Scandinave. Ces lacs servent de réservoirs aux eaux qui descendent des Alpes Scandinaves, et donnent naissance à de nombreuses rivières qui sont réparties de la manière suivante entre les quatre versants qui partagent la péninsule, savoir :

I. Le versant de l'Océan Boréal ou *Glacial Arctique*, composé de l'extrémité septentrionale de la péninsule, et dont le seul fleuve remarquable est le *Tana*, qui tombe dans le golfe du même nom.

II. Le versant OCCIDENTAL ou de l'OCÉAN ATLANTIQUE, composé de la longue mais étroite bande de terre comprise entre les côtes et les Alpes Scandinaves, dont le peu d'éloignement ne laisse aucune importance aux petits fleuves qu'elles envoient dans cette mer, et parmi lesquels nous citerons seulement le *Namsen*, qui sort du lac *Naumsvandel* et tombe, après un cours de 130 kilomètres, dans le *Namsen-Fiord*, où l'on remarque une chute d'eau de 39 mètres de hauteur.

III. Le double versant MÉRIDIONAL ou du SKAGER-RACK, du KATTÉGAT et de la mer BALTIQUE proprement dite, qui renferme les plus grands fleuves de la péninsule, savoir : le *Glommen*, qui descend du Dovre-Field et tombe dans le Skager-Rack à l'E. du golfe Christiania, remarquable par la rapidité de son cours et par ses chutes, dont la plus considérable, celle de *Sarpenfoss*, a 20 mètres de hauteur sur 27 de largeur. Ce fleuve reçoit le *Vormen*, qui traverse le lac *Mjosin*, le plus grand de la Norvège. — Nommons encore le *Gœta*, qui apporte dans le Kattégat les eaux du lac Vener, dans lequel tombe le *Clara*, l'une des plus grandes rivières de la Suède. — Aucun fleuve important ne tombe dans la Baltique, au N. O. de laquelle nous remarquerons seulement le petit golfe de *Braviken*, dans lequel se jette la *Motala*, rivière qui y apporte les eaux du lac Vetter.

IV. Enfin, le versant ORIENTAL ou du golfe de BOTNIE, traversé du N. O. au S. E. par un grand nombre de rivières sorties des lacs situés au pied des pentes orientales des Alpes Scandinaves. Nous nous bornerons à citer du S. au N. : le *Dal*, le plus considérable des fleuves suédois, le *Liusne*, l'*Angerman*, l'*Uméa*, la *Pitéa*, la *Luléa*, le *Kalix* et la *Tornéa*.

Plusieurs canaux réunissent entre eux les principaux lacs et cours d'eau de la Suède. Le *Tarendo-elf*, grand canal naturel, unit le Tornéa au Kalix, et le canal de *Gœta* fait communiquer les lacs Vener et Vetter, et par suite le Kattégat et la Baltique.

13. GRANDES DIVISIONS POLITIQUES. — La monarchie suédo-norvégienne est divisée en deux royaumes : celui de Suède (*Swerige*) à l'E., et celui de Norvège (*Norge*) à l'O., ayant chacun des divisions administratives particulières. Le royaume de Suède, qui a environ 3,563,000 habitants (1854), se divise en 24 *læn* ou préfectures, qui portent pour la plupart le nom de leur capitale, et qui sont réparties en trois grandes régions, savoir : le Gœtland ou Gothie, au S., le Svéaland ou Suède propre, au milieu, et le Norrland ou pays du Nord, dont le nom indique la position.

Le royaume de Norvège, à l'O. de celui de Suède, dont le sépare la longue chaîne des Alpes Scandinaves, a environ 1,330,000 habitants. — Il se divise en 5 diocèses et 17 *œmt* ou bailliages qui se répartissent entre trois grandes régions naturelles, savoir : les Soendenfields, ou pays au S. des monts Dover-Fied ; les Nordenfields, ou pays au N. de ces mêmes montagnes, et le Nordland, ou pays du Nord, comprenant toute l'extrémité septentrionale de la péninsule Scandinave.

46. Capitales. — Villes principales. — Les principales villes de la Suède sont : STOCKHOLM, sur le détroit qui unit le lac de Mœlar à la mer Baltique, grande ville, avec un port très-vaste, capitale du royaume et d'un district particulier (95,000 hab.).

Upsal, au N. O. de Stockholm, célèbre université, archevêché primat du royaume, avec une belle cathédrale, lieu ordinaire du couronnement des rois. — Gœteborg, à l'O. de la Gothie, port de mer à l'embouchure de la Gœta, dans le Kattégat, l'une des villes les plus commerçantes de la Suède, et la plus importante après la capitale (29,000 hab.). — Norrkœping, au S. O. de Stockholm, port au fond d'un petit golfe de la Baltique, ville industrieuse, commerçante et bien peuplée, et la principale du læn de *Linkœping*, ville située un peu plus au S. O. — Kalmar plus au S. E., sur le détroit de son nom, avec un port et des chantiers de construction ; ville forte et fameuse par l'acte d'union conclu le 20 juillet 1397, qui unit les trois couronnes de Suède, Norvège et Danemark sous le sceptre de la grande Marguerite. — Karlskrona, plus au S. O., sur quelques petites îles de la mer Baltique ; chef-lieu du læn de *Bleking* et le principal port maritime du royaume. — Malmœ, plus au S. O. encore, port commerçant sur le Sund, chef-lieu du læn de *Malmœhus*. — Dannemora, bourg au N. d'Upsal, possédant des mines qui produisent le fer le plus renommé pour la fabrication de l'acier.

La Norvège n'a pas de grandes villes ; les plus importantes sont CHRISTIANIA, au S., ville industrieuse et très-commerçante, avec un port sur la baie d'*Anslo*, située au N. du golfe de Christiania ; capitale de toute la Norvège, ainsi que du diocèse et du bailliage d'*Aggerhuus*, ainsi nommés de la forteresse d'*Agger*, qui domine la capitale (32,000 habitants).

CHRISTIANSAND, autre port plus au S. O., sur le Kattégat, chef-lieu de diocèse et de bailliage.—BERGEN, plus au N. O. (24,000 hab.), et DRONTHEIM (*Trondhiem*), plus au N. E., autres ports très commerçants au fond de golfes formés par l'Atlantique. Ces deux villes, qui sont toutes deux chefs lieux de diocèse et de bailliage, ont servi l'une et l'autre de résidence aux anciens rois de Norvège. — *Drammen*, au S. O. de Christiania, port qui fait un grand commerce de planches dites de sapin du Nord et chef-lieu du bailliage de *Bucherad*, où se trouvent de riches mines d'argent avec lequel on bat monnaie à *Kongsberg*, petite ville située un peu plus à l'O. — *Rœraas*, beaucoup plus au N., au pied du Dover-Field, remarquable par ses importantes mines de cuivre — ALTENGAARD, la ville la plus importante du Nordland.—*Wardœe*, à l'extrémité de la péninsule Scandinave; elle n'est remarquable que comme la forteresse la plus septentrionale du continent européen.

47. GOUVERNEMENTS. — POPULATIONS. — RACES ET RELIGIONS. — Les deux royaumes de *Suède* et de *Norvège*, réunis en 1814 sous le même souverain, sont l'un et l'autre des monarchies représentatives dans lesquelles le pouvoir royal est très-restreint; elles ont chacune leur constitution distincte et leur assemblée indépendante, appelée *diète*, et composée de 4 chambres en Suède, et *storthing*, composée d'une chambre unique, en Norvège. — Ils renferment ensemble une population de près de 5,000,000 d'habitants, appartenant à la race gothique et à la race scandinave (n° 45). Ils suivent la religion luthérienne.

48. COLONIES. — PORTS PRINCIPAUX. — ARMÉE. — MARINE. — La Suède ne possède hors de l'Europe que l'île de *Saint-Barthélemi*, l'une des Antilles, qui lui a été cédée par la France en 1784. — Ainsi qu'il résulte de l'énumération ci-dessus, les ports principaux de la Suède et de la Norvège sont ceux de *Stockholm*, *Gœteborg*, *Kalmar*, *Karlskrona*, *Malmœ* (Suède); *Christiania*, *Christiansand*, *Bergen*, *Drontheim*, *Drammen* (Norvège); *Gustavia* (Saint-Barthélemi). — L'armée suédoise monte à 144,000 hommes, et l'armée norvégienne à 23,000. La marine suédo-norvégienne compte plus de 450 bâtiments, dont 20 vaisseaux et frégates, avec 17 steamers armés, montés par près de 60,000 matelots.

§ II. — DANEMARK.

49. SITUATION ET LIMITES. — MERS ET ILES PRINCIPALES. — Le royaume de Danemark, situé au N. de l'Europe, est compris entre le 53ᵉ degré et le 58ᵉ degré de latitude N., et entre le 5ᵉ degré et le 11ᵉ degré de longitude orientale. — Ce royaume se compose de plusieurs îles importantes (que nous nommerons ci-après, n° 51, avec les villes qui y sont situées), séparées entre elles et du continent par les détroits qui donnent entrée à la mer Baltique ; et de la presqu'île du *Jutland*, entourée à l'O. par la mer du Nord, au N. par le Skager-Rack, à l'E. par le Kattégat et le Petit-Belt, et que l'on peut considérer comme se prolongeant au S. jusqu'à l'Elbe, fleuve qui forme ainsi la limite méridionale de la monarchie danoise, qu'il sépare de l'Allemagne.

Le sol du Danemark est très-bas, généralement sablonneux, mais assez fertile et recouvert en partie d'excellents pâturages. — La température y est froide et le climat très-nébuleux et fort humide. — On compte au nombre des détroits les plus remarquables de l'Europe ceux du *Sund*, du *Grand* et du *Petit-Belt*, qui entourent les grandes îles Danoises. — Parmi les golfes très-nombreux nommés dans le pays *Fjord* et qui découpent ces îles et la péninsule du Jutland, nous nommerons seulement, dans le N. de cette dernière, celui de *Luim* ou *Lium-Fjord*, formé par le Kattégat, et qui est devenu un détroit depuis que les flots de l'Océan irrité ont rompu, en 1826, l'isthme sablonneux qui séparait de la mer du Nord l'extrémité occidentale de ce bras de mer.

50. Fleuves principaux. — Outre le grand fleuve de l'*Elbe*, qui forme, comme nous l'avons dit, la limite méridionale des Etats Danois, on ne peut citer dans ce royaume que deux rivières remarquables, savoir : l'*Eider*, qui se jette dans la mer du Nord, après avoir formé la séparation entre le Jutland et le Holstein, et qui sert, avec le *canal de Holstein*, à établir une communication directe entre la mer du Nord et la Baltique ; — la *Trave*, qui se jette dans la Baltique à *Travemunde*, après avoir reçu la *Steckenitz*, qui donne son nom à un canal qui met en communication l'Elbe et la mer Baltique.

51. Grandes divisions politiques. — Capitale. (Villes principales). — Le royaume de Danemark est divisé administrativement en 7 *stifts* ou diocèses, et en 3 duchés, subdivisés en *amt* ou préfectures, seigneuries, etc. — Des 7 stifts, 5 sont renfermés dans l'*Archipel Danois*, qui compose le *Danemark* proprement dit, et 4 dans le *Jutland*, qui occupe la partie septentrionale de la péninsule de ce nom ; les 3 duchés sont : celui de *Schleswig*, dans le Jutland méridional, et les deux duchés de *Holstein* et de *Lauenbourg*, qui appartiennent à la *Confédération Germanique*, dont le roi de Danemark est membre comme souverain de ces deux derniers duchés, qui ont leurs constitutions particulières.

Archipel Danois. — Parmi les îles de l'archipel Danois, on en distingue trois principales, savoir : 1° celle de Séeland, séparée à l'E. de la Suède par le Sund. Elle renferme : la capitale du royaume, COPENHAGUE, port de guerre et de commerce, chef-lieu du stift de Séeland (130,000 habitants); — Elseneur ou *Helsingœr*, où l'on paye au Danemark le droit dû par tous les vaisseaux qui traversent le Sund, dont le passage est défendu par la forteresse de Kronborg ; — 2° l'île de Funen ou de *Fionie*, séparée de Séeland, à l'E., par le Grand-Belt, et du Jutland, à l'O., par le Petit-Belt ; capitale, Odensée, chef-lieu du stift de Funen (9,000 habitants) ; — 3° l'île de Laaland, plus au S. E., formant, avec celle de *Falster*, plus à l'E., le stift de Laaland, qui a pour chef-lieu Mariboee, dans la première de ces îles.

Parmi les îles moins considérables, on distingue : celle d'*Amack* ou d'*Amager*, sur laquelle est bâti un des quartiers de Copenhague, dont le port est formé par le détroit qui sépare cette île de celle de Séeland ; les îles d'*Alsen*, *Langeland*, *Femern*, qui font partie du même groupe, et celle de *Bornholm*, située beaucoup plus à l'E.

Jutland et *Schleswig*. — Le Jutland septentrional a pour villes principales : Aalborg, port à l'entrée orientale du *Liim-Fjord* ; — Aarhuus, plus au S., autre port très-commerçant, sur le Kattégat. Ces deux villes sont des chefs-lieux des stifts de leurs noms ; — Viborg, ville très-ancienne.

Le duché de Schleswig, ou *Sud-Jutland*, a pour capitale Schleswig, au fond du golfe de *Schley* ou *Sli*, formé par la Baltique ; ville industrieuse et commerçante, près de laquelle on voit le beau château de *Gottorp*, berceau des ducs de Holstein et résidence du gouverneur général des duchés de Schleswig et de Holstein. — Flensborg, plus au N., port très-commerçant, sur un autre golfe de la Baltique est la ville la plus industrieuse et la plus considérable de tout le Jutland.

Hosltein et *Lauenbourg*. — Le duché de Holstein, compris entre l'Eider, qui le sépare du Schleswig, au N., et l'Elbe au S., est renommé pour ses chevaux. Il a pour capitale : Gluckstadt, port franc sur l'Elbe ; ses villes principales sont : Altona, autre port franc et très-commerçant, aussi sur l'Elbe, mais plus au S. E.; cette ville, la plus importante du Danemark après Copenhague a 28,000 hab.; —

Kiel, plus au N., autre port commerçant, à l'entrée du *canal de Holstein,* dans la mer Baltique; jolie ville qui possède une université.

Le petit duché de Lauenbourg, à l'extrémité S. E. des États Danois, a pour villes principales : Lauenbourg, sur l'Elbe, à la jonction du canal de Steckenitz, qui partage la dignité de capitale avec Ratzebourg, située plus au N. E.

52. Gouvernement. — Population. — Races et religion. — La population du Danemark descend en grande partie des Goths qui s'y établirent en chassant les Cimbres, et dépasse 2 millions d'habitants, dont la plus grande partie suit la religion luthérienne. Son gouvernement, qui avait été électif et aristocratique jusqu'en 1660, époque à laquelle il devint une monarchie héréditaire et absolue, est, depuis l'année 1834, une monarchie représentative. Quatre assemblées provinciales, dont les membres sont nommés en grande majorité par le peuple et pour un septième environ par le roi, votent les impôts et délibèrent sur les mesures d'intérêt général.

53. Colonies. — Le Danemark possède au N. de l'océan Atlantique et des Iles Britanniques, le groupe des îles Færœe, qui appartient à l'Europe, quoique compris dans le gouvernement de l'*Islande,* île qui dépend de l'Amérique. — Les Færœe, au nombre de 35, dont 17 sont habitées, renferment environ 6,000 habitants. La principale est Stromœe, au centre, qui a pour capitale *Thorshavn,* la seule ville de tout le groupe.

Le Danemark possède hors de l'Europe des territoires trois fois plus étendus que ceux de l'Europe, puisqu'on les évalue à 1,682,000 kilomètres carrés, mais leur population, qui atteint à peine 190,000 âmes, est loin de répondre à cette étendue. — Ces possessions sont :

En Afrique : plusieurs forts et comptoirs sur la côte de *Guinée,* dont *Christiansbourg* est le principal.

En Amérique : l'*Islande,* pays froid et stérile, remarquable par les éruptions volcaniques du mont Hécla et par ses nombreuses sources d'eau chaude; capitale *Reikiavik.* — La grande terre du *Groenland.* — Les îles de *Sainte-Croix* et de *Saint-Thomas* (dans les *Antilles*).

54. Ports principaux. — Marine. — Les principaux ports du Danemark sont ceux de *Copenhague, Flensborg,*

Altona, Aalborg, Aarhuus, Gluckstadt, Kiel, en Europe; *Reikavik* en Islande.

La marine militaire du Danemark, à laquelle la garde du Sund donne de l'importance, comprend près de 110 bâtiments, dont 17 vaisseaux et frégates, avec 6 steamers armés, montés par près de 20 mille matelots.

QUESTIONNAIRE. — § I. 40. Quelles sont la position et les limites de la monarchie Suédo-Norvégienne? — 41. Quelles sont les mers qui entourent cet État? — Quels golfes et quels détroits forment-elles? — 42. Quelles sont les îles qui appartiennent à la Suède et à la Norvège? — 43. Quelles sont les montagnes qui traversent la péninsule Scandinave? — 44. Quels sont les lacs principaux? — En combien de versants se divise la péninsule et quels en sont les fleuves? — 45. Comment se divisent la Suède et la Norvège? — 46. Quelles en sont les villes principales? — 47. Quels sont le gouvernement, la population, la religion? — 48. Rappelez les ports principaux des États Scandinaves. — Faites connaître la force de l'armée et de la marine. — Quelle colonie possède la Suède? — § II. 49. Quelle est la position du royaume de Danemark? — De quoi se compose cet État? — Quels détroits sont formés sur les côtes? — Quels golfes y remarquez-vous? — 50. Quels sont les fleuves principaux? — 51. Comment est divisé ce royaume? — Faites connaître les îles et les villes remarquables de l'archipel danois... les provinces de terre ferme et leurs villes principales. — 52. Quelle est la population? — Quelle est la religion de l'État... le gouvernement? — 53. Quelles sont les possessions lointaines du Danemark? — 54. Énumérez ses principaux ports — Quelle est sa marine?

CHAPITRE QUATRIÈME.

RUSSIE ET POLOGNE.

SOMMAIRE.

55. § I. L'Empire Russe occupe tout le N. de l'Europe et de l'Asie, ainsi que le N.-O. de l'Amérique. La Russie d'Europe a pour ses limites l'océan Glacial; la Suède, la mer Baltique, la Prusse et l'Autriche; la Turquie, la mer Noire, le Caucase et la mer Caspienne le fleuve Oural, les monts Oural et le fleuve Kara.

56. Les mers qui la baignent sont l'océan Glacial, la mer Baltique, la mer Noire et la mer Caspienne. — Les îles qui en dépendent sont dans la mer Baltique, le groupe d'Aland et d'Abo, les îles de Dago, d'Œsel. — Dans l'océan Glacial, celles de Kalgouev, de la Nouvelle-Zemble et de Vaïgatch.

57. Les seules montagnes considérables sont les monts Oural ou Poyas, et le Caucase; des collines tracent la ligne de partage des eaux des deux versants océanique et méditerranéen.

58. Les fleuves du versant N. sont : le Kara, la Petchora, la Dvina, la

SITUATION. — ÉTENDUE. 41

Néva, la Duna et le Niémen; ceux du versant S. sont : le Dniestr, le Dniepr, le Don, le Volga et l'Oural. — Les lacs principaux sont : les lacs Ladoga, Onéga, Péipous, Ilmen, Saïma, Enara, Pajjané, Belo-Ozero, Vigo, etc.

59. La Russie proprement dite est divisée en 58 gouvernements, dont 16 dans le versant océanique et baltique, 33 dans le versant méditerranéen, et 9 formés des anciennes provinces polonaises.

60. Les villes principales sont dans le versant océanique et baltique : Saint-Pétersbourg, capitale de l'empire; Kronstadt, Abo, Riga et Arkhangelsk; dans le versant méditerranéen : Moskou, Vladimir, Kasan, Kiev, Nijni-Novgorod, Odessa et Astrakan; dans les provinces polonaises : Vilna, Grodno, Mohilev.

61. Le gouvernement est une *autocratie* absolue et héréditaire, même par les femmes. Le servage n'est qu'en partie aboli.

62. La population est de plus de 60 millions d'habitants, partagés en 8 souches, qui sont : les souches slave (pour les 4/5e), lettonne, finnoise, allemande, tartare, caucasienne, juive et mongole.

63. On compte 47 millions de Grecs, dont 4 millions seulement ne sont pas schismatiques, 6 millions de catholiques, 3 millions de protestants, et le reste juifs, mahométans et idolâtres.

64. § II. Le royaume de Pologne actuel, incorporé à la Russie, est entouré au N. et à l'E. par la Russie, au S. par l'Autriche, à l'O. par la Prusse.

65. Il est arrosé par la Vistule, le Bog, la Warta, qui descendent des Karpathes.

66. On le divise en cinq gouvernements, qui portent, à l'exception d'un, le nom de leur capitale. La capitale est Varsovie; les villes principales : Kalisz, Lublin, Plock.

67. La population est de près de 5 millions d'habitants, dont près de 500,000 juifs. La Pologne est administrée pour la Russie par un gouverneur assisté d'un conseil.

68. § III. La Russie possède en Asie la Sibérie et la Transcaucasie en Amérique, la partie N.-O. du continent et les îles voisines.

69. L'armée est de 800,000 hommes; la marine a 40 vaisseaux et 50 frégates. Les revenus sont de 450 millions.

70. L'étendue du territoire, la force militaire, les richesses minérales et agricoles; enfin un climat meurtrier pour une armée envahissante, constituent les éléments de puissance de l'empire russe.

§ Ier. — RUSSIE.

55. SITUATION ET LIMITES. — POSITION. — ÉTENDUE. — L'immense empire de RUSSIE *(Rossia)* occupe, tant en Europe qu'en Asie, tout le N. de l'ancien continent, et, de plus, toute la partie N. O. du nouveau continent. — Il embrasse dans ses vastes possessions près de 19,400,000 kilomètres carrés, c'est-à-dire plus de 37 fois la superficie de notre France et plus de la septième partie de la terre habitable, dont il est ainsi l'État le plus étendu; mais sa faible population relative atteint à peine 10 habitants par kilomètre carré en Europe, 3 en Asie et bien moins encore en Amérique; de sorte que l'immensité même de ses possessions, peu favorisées d'ailleurs sous le rapport du climat, est pour la Russie un embarras plutôt qu'un élément de force et de puissance.

Nous ne nous occuperons ici, avec détail, que de la *Russie d'Europe* en particulier et de la *Pologne*, qui y est réunie en grande partie, depuis la fin du siècle dernier.

La Russie d'Europe, appelée autrefois *Moskovie*, du nom de son ancienne capitale, est comprise entre le 38º degré et le 81º degré de latitude N., entre le 17º degré et le 62º degré de longitude E. — Elle a pour limites, au N., l'océan Boréal ou Glacial Arctique; à l'O. la Suède, le golfe de Botnie, la mer Baltique, la Prusse et les États de l'empereur d'Autriche; au S., la Turquie d'Europe, la mer Noire, le Caucase et la mer Caspienne, et à l'E., le fleuve Oural, les monts Ourals ou Poyas et le fleuve Kara, qui la séparent de la Russie d'Asie. Elle a 2,920 kilomètres de long sur 1,600 de large, et près de 5,450,000 kilomètres de superficie, dont une grande partie est couverte de bois et de marais.

56. MERS ET ILES PRINCIPALES. — Les mers qui baignent la Russie sont l'océan Glacial au N., le golfe de Finlande et la mer Baltique à l'O., et la mer Noire et la mer Caspienne au S.

Les îles qui dépendent de la Russie d'Europe sont :

1º Dans la mer Baltique :

Les îles d'*Aland* et d'*Abo*, groupe situé vis-à-vis d'Abo, sur la côte S. O. de la Finlande, et compris dans son gouvernement : ces îles furent cédées par la Suède à la Russie, en 1809. — *Dago* et *Œsel*, à l'entrée du golfe de Livonie.

2º Dans la mer Glaciale :

Les îles de *Kalgoueu* et celles de la *Nouvelle-Zemble*. Ces dernières sont grandes et inhabitées ; mais les Russes et les Samoïèdes s'y rendent quelquefois pour la pêche. Au S. E. de ces îles se trouve celle de *Vaïgatch*, séparée du continent par le détroit qui porte son nom.

57. VERSANTS ET CHAINES DE MONTAGNES PRINCIPALES. — Nous avons décrit, parmi les grandes chaines de l'Europe, celles des monts *Ourals* ou *Poyas* et du *Caucase*, qui séparent à l'E. et au S. E. les possessions européennes des possessions asiatiques de la Russie ; quant aux chaînes à l'aide desquelles quelques géographes ont cru devoir établir la ligne de partage entre les eaux des deux versants Océanique et Méditerranéen, telles que les monts *Schémokonski*, *Valdaï*, etc., ce ne sont que des collines qui ne peuvent recevoir le nom de chaînes de montagnes.

58. FLEUVES ET LACS PRINCIPAUX. — La ligne de partage des eaux de l'Europe entre les deux grands versants Océanique et Méditerranéen traverse la Russie du N. E. au S. O., de sorte que ses fleuves, dont les principaux sont au nombre des plus remarquables de l'Europe, se partagent entre ces deux versants, savoir : sur le versant Océanique : le *Kara*, la *Petchora*; la *Dvina septentrionale*, la *Neva*, la *Dvina méridionale* ou *Duna* et le *Niémen*;—et sur le versant Méditerranéen, beaucoup plus vaste que le précédent : le *Dniestr*, le *Dniepr* avec le *Boug* son affluent, le *Don*, l'immense *Volga*, le roi des fleuves européens, avec la *Kama*, son affluent, et l'*Oural* ou *Jaïk*.

La Russie ne forme en quelque sorte qu'une pleine immense, couverte en partie de vastes forêts. — Elle renferme les plus grands lacs de l'Europe. Outre les lacs *Ladoga*, le plus grand de tous, *Onéga*, *Péïpous* et *Ilmen*, qui figurent parmi les plus considérables de l'Europe, il y faut citer encore : les lacs *Saïma*, *Enara* et *Paijane*, les plus grands de la Finlande, province toute couverte de lacs, les lacs *Belo-Ozero*, *Vigo*, dans le N. de la Russie, etc.

59. GRANDES DIVISIONS POLITIQUES. — La Russie, sans y comprendre le *royaume de Pologne*, que nous décrirons séparément (n°s 64 et suiv.), est divisée en 57 grands gouvernements, qui portent pour la plupart le nom de leurs capitales, et qui peuvent être répartis en 3 grandes divisions.

1° Ceux qui sont situés sur le versant océanique et baltique, au nombre de 16, savoir : ceux de Livonie, Esthonie, Saint-Pétersbourg, Pskov, Novgorod, Viborg, Nyland, Abo, Vasa, Uléoborg, Kuopio, Tavastehus, Kymmengard, Olonetz, dans le bassin maritime de la Baltique, — Archangelsk et Vologda, dans le bassin de l'Océan Boréal;—2° ceux qui se trouvent sur le versant Méditerranéen, au nombre de 33 : Bessarabie, Smolensk, Tchernigov, Koursk, Kiev, Poltava, Iékatérinoslav, Kherson, Tauride, dans le bassin de la mer Noire; Toula, Voronej, Kharkov, Cosaques du Don, Caucase, Cosaques de la mer Noire, dans le bassin de la mer d'Azof; — Tver, Jaroslav, Kostroma, Nijni-Novgorod, Kazan, Saratov, Simbirsk, Astrakhan, Orel, Kalouga, Moscou, Vladimir, Riazan, Tambov, Penza, Perm, Viatka, Orenbourg, dans le bassin de la mer Caspienne; — 3° ceux, au nombre de 9, qui ont été formés des *provinces du royaume de Pologne*, assignées à la Russie par suite des divers démembrements de ce royaume : Courlande, Vilna, Grodno, Bialystock, Vitebsk, Minsk, Mohilev, Volhynie, Podolie.

Nous suivrons cet ordre pour nommer les villes principales de la Russie.

60. CAPITALES (VILLES PRINCIPALES). — *Villes situées sur le versant Océanique et Baltique.* — Les principales sont : SAINT-PÉTERSBOURG, à l'embouchure de la *Néva* dans le golfe de Finlande, capitale de l'empire et l'une des plus belles villes du monde, fondée par Pierre le Grand en 1703; vaste port très-commerçant (470,000 habitants).

KRONSTADT, un peu plus à l'O., construit par Pierre le Grand sur une petite île, au fond du golfe de Finlande, pour être la citadelle et le port militaire de Saint-Pétersbourg, ainsi que le grand arsenal maritime de l'empire (40,000 hab.). — NOVGOROD LA GRANDE, déchue de son ancienne splendeur. — ABO, entre les golfes de Botnie et de Finlande, vis-a-vis de l'archipel qui porte son nom, ancienne capitale, et encore aujourd'hui la ville la plus importante du grand-duché de *Finlande*, ancienne province Suédoise, dont une partie fut cédée à la Russie en 1721, et le reste conquis en 1808. — HELSINGFORS et *Sweaborg*, ports situés plus à l'E., sur le golfe de Finlande, arsenal maritime défendu par d'immenses fortifications. — RIGA, située sur le golfe de *Livonie*, ainsi nommé de la province dont Riga est la capitale, et qui fut conquise sur les Suédois par Pierre le Grand, après la victoire qu'il remporta à *Pultawa*, dans la Russie centrale; port très-commerçant (60,000 hab.). — ARKHANGELSK, port sur la mer Blanche, à l'embouchure de la Dwina septentrionale; entrepôt du commerce du nord de la Russie.

Villes situées sur le versant Méditerranéen. — Les principales sont MOSKOU (*Moskva*), ancienne capitale de la Russie, brûlée par les Russes, en 1812, au moment de l'entrée des troupes françaises, et aujourd'hui plus régulièrement rebâtie; ville très-industrieuse et très-commerçante (350,000 habitants).

VLADIMIR, au N. E. de Moscou, ancienne résidence des grands-ducs de Russie. — KAZAN, au S. E. de la précédente, capitale d'un ancien royaume tartare, conquis en 1552. — KIEV, au S. O., sur le Dniepr, une des villes les plus considérables de la Russie. — NIJNI-NOVGOROD, où se tient une foire immense. — ODESSA, au S. de Kiev, port sur la mer Noire, un des plus commerçants de l'Europe. — KAFFA, près de la mer Noire, dans le gouvernement de Tauride, qui renferme la presqu'île de *Crimée*, jointe au continent par l'isthme de PÉRÉKOP, sur lequel se trouve la ville de ce nom. — SEVASTOPOL, sur la côte S. O. de la Crimée, l'un des grands arsenaux maritimes de l'empire, pris en 1855, après un siége de près d'une année, par les armées réunies de la France, de l'Angleterre, de la Turquie et de la Sardaigne. — Nicolaïef, autre arsenal maritime fort important sur le Bug et l'Igoul. — Taganrog, petit port sur la mer d'Azof, où l'empereur Alexandre Ier est mort en 1825. — Astrakhan, dans une île du Volga, à l'embouchure de ce fleuve, l'une des villes les plus considérables de la Russie, et fort importante par le grand commerce qu'elle fait avec la Perse et tout l'Orient.

Villes des provinces polonaises unies a l'empire. — Les principales sont : Vilna, ville riche et commerçante, ancienne capitale du grand duché de *Lithuanie.*—Grodno, au S. O. de Vilna, et où se tenaient autrefois les diètes polonaises.— Mohilev, sur le Dniépr, au S. E. de Vilna, ville forte et très-marchande, célèbre par une victoire remportée sur les Russes par les Suédois en 1707.—A environ 85 kilomètres à l'O. de cette ville, coule la *Beresina*, fameuse par le désastre que les Français éprouvèrent sur ses bords, en 1812, dans la malheureuse retraite de Moscou.

61. Gouvernement. — Le gouvernement de la Russie, qui embrasse tout l'empire et même le royaume de Pologne, est un gouvernement absolu ou une *autocratie.* Le souverain ou *tzar* possède une autorité à peu près sans limite en matière politique et même en matière religieuse (n° 63) ; il porte le titre d'*Empereur et Autocrate de toutes les Russies, Tzar de Pologne et Grand-prince de Finlande.* La couronne est héréditaire même pour les femmes. Depuis Pierre le Grand, la civilisation, favorisée par les souverains de ce vaste empire, s'y est introduite rapidement dans les hautes classes ; une portion des habitants, dont la presque totalité étaient serfs, a reçu la liberté. Toutefois, la civilisation n'a pas pénétré encore parmi le peuple des campagnes qui vit dans une ignorance grossière.

62. Population. — Races. — La population de la Russie d'Europe, qui dépasse 60 millions et demi d'habitants, appartient à des races très-nombreuses et très-variées, formant près de cent peuples divers, et pouvant se diviser en 8 souches principales, savoir : 1° la souche *Slave*, qui compose les quatre cinquièmes de la population de l'empire, et habite entre les Karpathes et l'Oural, les *Poles* ou *Polonais* en font partie ; 2° la souche *Lettone* sur les bords de la Baltique ; 3° la souche *Finnoise,* comprenant les *Lapons* au N. de l'empire ; 4° la souche *Allemande*, répandue dans les provinces de la Baltique et enclavée dans le S. ; 5° la souche *Tatare*, du Dniestr à la Caspienne ; 6° la souche *Caucasienne*, au S., dans la chaîne du Caucase ;

7° la souche *Juive*, répandue en Pologne ; 8° la race *Mongole*, composée de tribus errantes à l'O. du Volga.

63. Religions. — La population de la Russie se partage de la manière suivante entre diverses religions : 47 millions professent la religion grecque (4 millions seulement ne sont pas schismatiques), qui est la religion de l'empire; 6 millions sont catholiques, 3 millions protestants, et le reste se compose de juifs, de mahométans, d'idolâtres, etc. — L'empereur est le chef suprême de la religion, bien qu'il délègue l'exercice de son autorité spirituelle à un conseil appelé le Saint-Synode, qui siége à Saint-Pétersbourg.

§ II. ROYAUME DE POLOGNE.

64. Situation et limites. — La Pologne (*Polska*) qui forma longtemps un des plus puissants royaumes de l'Europe, fut, à la suite de longues dissensions intestines, démembrée en 1772, 1793 et 1795 par la Russie, la Prusse et l'Autriche, qui s'en partagèrent les provinces. Reconstituée en 1807, par l'empereur Napoléon I*er*, sous le nom de *grand-duché de Varsovie*, elle a repris en 1815 le nom de *royaume de Pologne*; mais ce petit royaume, qui fait partie intégrante de l'empire de Russie, ne conserve pas la sixième partie de son ancienne étendue (125,500 kilomètres carrés au lieu de 800,000). Il est entouré au N. et à l'E. par la Russie, au S. par l'empire d'Autriche, et à l'O. par la Prusse.

65. Fleuves principaux. — La Pologne, dont le nom polonais *Polska* signifie pays plat, fait en effet partie de la vaste plaine de l'Europe orientale. Située tout entière sur le versant Océanique, elle est inclinée vers le N. et comprise dans le bassin de la mer Baltique, à laquelle elle envoie ses eaux par la *Vistule*, par le *Bog* et divers autres affluents de la Vistule, et par la *Warta* et quelques autres affluents de l'*Oder*. — Ces rivières descendent de quelques rameaux que la chaine des *Karpathes* projette dans le S. O. de la Pologne, mais dont aucun des sommets n'atteint 700 mètres et ne mérite par conséquent, à proprement parler, le nom de montagne.

66. Grandes divisions politiques et capitales (villes principales). — Le royaume de Pologne est divisé depuis l'année 1844 en 5 gouvernements ou *voïévodies*, qui, à l'exception d'une seule, portent les noms de leurs capitales.

Les principales villes sont : Varsovie ou, comme l'appellent les Polonais, *Varszava*, capitale du royaume et de la voiévodie de son nom, archevêché; sur la rive gauche de la Vistule, mais communiquant par un pont de bateaux avec le faubourg fortifié de *Praga*, situé sur la rive droite. Elle est elle-même défendue et commandée par une formidable citadelle (150,000 habitants). — KALISZ, au S. O. de Varsovie et dans la même province, la seconde ville du royaume par son industrie et par sa population. — LUBLIN, au S. E., chef-lieu de voiévodie, évêché, ville industrieuse et commerçante. — PLOCK, ville commerçante; SUVALKI et RADOM.

67. POPULATION, RACES ET RELIGIONS. — La population de la Pologne est d'environ 5 millions d'habitants (1), de races Slaves et Allemandes, dont la grande majorité professait la religion catholique avant les mesures politiques employées, il y a quelques années par le gouvernement Russe, pour faire prévaloir la religion grecque. On compte près de 500,000 israélites dans ce pays, qui était appelé le *paradis des Juifs* avant les mesures violentes prises contre eux par le gouvernement russe. Le royaume de Pologne, placé en 1815 sous la souveraineté de l'empereur de Russie, fut alors constitué en monarchie représentative distincte de l'empire Russe, et gouvernée au nom de l'empereur par un vice-roi, avec un sénat et une chambre des députés. Jalouse de recouvrer son indépendance nationale, et consultant moins ses forces que son courage, la Pologne a tenté, à la fin de 1830, de se soustraire au joug étranger; après une lutte sanglante, dans laquelle elle s'est illustrée au plus haut point par son patriotisme et sa bravoure, mais que l'extrême disproportion de ses ressources a fini par lui rendre fatale, elle a été soumise de nouveau. Bien que déclarée partie intégrante de l'empire Russe en 1845, elle conserve pourtant encore une administration particulière, dirigée par un gouverneur assisté d'un conseil.

§ III. SUITE DE LA DESCRIPTION GEOGRAPHIQUE ET STATISTIQUE DE L'EMPIRE RUSSE.

68. COLONIES (POSSESSIONS LOINTAINES). — La Russie ne possède pas de colonies proprement dites, si toutefois l'on ne veut donner ce nom à ses possessions en Asie et en

---

(1) Comprise dans celle plus haut de la Russie, n° 62.

Amérique. La Russie d'Asie se divise en deux parties : la *Sibérie* et la *Transcaucasie* : l'une occupe tout le N. de l'Asie, l'autre les pays entre la mer Noire et la mer Caspienne, au S. du Caucase et au N. de la Perse. — Le N. O. de l'Amérique du Nord fait également partie de l'empire Russe, mais ce pays est désert, et il n'y a, à proprement parler, que les côtes et quelques îles occupées par les Russes. — Les ports principaux de l'empire Russe sont : sur la Baltique, ceux de *Kronstadt*, *Helsingfors*, *Riga*; sur la mer Blanche, *Archangelsk*: sur la mer Noire, *Odessa*, *Sébastopol*, *Nicolaief*; sur la mer d'Azof, *Taganrog*; sur la mer Caspienne, *Astrakhan*.

69. ARMÉE. — MARINE. — REVENU. — L'armée russe s'élève en temps de paix au chiffre de 800,000 hommes, pour atteindre, sur le papier en temps de guerre, le total énorme de 2,200,000 hommes avec 26,000 bouches à feu, dont à peine moitié sont sous les drapeaux. La marine, depuis que la guerre a détruit (1855) la flotte de la mer Noire, ne compte plus qu'environ 40 vaisseaux et 50 frégates, plus un grand nombre de bâtiments légers. Les revenus de l'empire atteignent environ 450 millions de francs. Le crédit joue un faible rôle dans le système financier de la Russie. La dette ne monte qu'à environ 2 milliards.

70. ELÉMENTS DE PUISSANCE DE L'EMPIRE RUSSE. — La prodigieuse étendue de l'empire Russe, sa puissance militaire colossale, sa vigoureuse organisation intérieure et son gouvernement absolu, lui ont assigné un grand rôle dans les destinées de l'Europe. Des ressources immenses sont mises sans obstacle et sans résistance au service d'une politique qui, depuis Catherine II, a tendu invariablement au développement des frontières méridionales de la Russie, et qui semblait, jusque dans ces derniers temps (1854-56), se proposer la possession de Constantinople comme but suprême de ses efforts. (Voir *Histoire moderne*, partie historique, chap. XXXI). Enrichi par les trésors que produisent les mines nombreuses des monts Ourals et par le commerce des céréales, que produisent en abondance les provinces voisines de la mer Noire, cet empire voit chaque jour augmenter sa force et sa population. Il n'est même pas jusqu'à son climat qui, rendant une invasion mortelle pour l'étranger, au milieu de plaines immenses, souvent désertes, que l'hiver couvre d'une neige épaisse, ne soit une arme et une défense redoutable pour les Russes

QUESTIONNAIRE. — § I 55. Quelle est la position géographique et l'étendue de l'empire de Russie et spécialement de la Russie d'Europe? — Quelles sont ses limites ? — 56. Quelles sont les mers qui la baignent? — Quelles sont les îles qui lui appartiennent? — 57. Quelles sont les montagnes principales? — En combien de versants se partage l'Empire russe? — 58 Quelles sont les rivières des versants nord et sud? — Quels sont les lacs principaux? — 59. Comment se divise la Russie? — Combien de gouvernements contient chaque versant? — Combien ont été formés par les provinces polonaises? — 60. Quelles sont les villes principales du versant Océanique et Baltique?... du versant Méditerranéen?... du bassin de la mer Noire?... de celui de la mer d'Azov? du bassin de la mer Caspienne?... des anciennes provinces polonaises? — 61. Quel est le gouvernement de la Russie? — 62. Quelle est la population de l'Empire russe? — A quelles races appartiennent les différents peuples qui habitent la Russie? — 63. Quelle est la religion dominante? — Quel est le nombre des sectateurs des autres cultes? — § II. 64. Quelles sont les limites de la Pologne? — En quelles années eurent lieu les partages de la Pologne et ses essais de réorganisation? — 65. Quelles sont ses rivières principales ? — 66. En combien de gouvernements est-elle divisée, et quelles en sont les villes principales? — 67. Quelle est la population de la Pologne et comment est-elle gouvernée? — § III. 68. Quelles sont les possessions russes hors de l'Europe? — Quels sont les ports principaux de la Russie? — 69. Faites connaître l'armée et la marine de l'Empire russe? — Quels sont ses revenus? — 70. Faites connaître les éléments de puissance de l'Empire russe.

CHAPITRE CINQUIÈME.

PRUSSE.— ALLEMAGNE ET SUISSE. — EMPIRE D'AUTRICHE.

PREMIÈRE PARTIE.

Prusse.— Allemagne et Suisse. — Mention des Confédérations Germanique et Helvétique.

SOMMAIRE.

71. § Ier Les États prussiens se composent de deux parties séparées : l'une bornée au N. par la Baltique, le Mecklembourg, le Hanovre, la Hesse, les principautés et le royaume de Saxe, l'Autriche, la Pologne et la Russie ; la seconde partie ou Prusse Rhénane est située entre le Hanovre, la Hesse, les Pays-Bas, la Belgique, la France et de petits États allemands.

72. La Prusse est baignée par la mer Baltique qui forme le golfe de Danzig et des lagunes considérables. Elle a les îles de Wollin, Usedom et Rugen.

73. Les montagnes sont celles du Harz et une portion des monts Reisen. La Prusse appartient au versant océanique ; elle est arrosée par le Wéser, l'Elbe qui reçoit le Havel, l'Oder grossi de la Warta, la Vistule, le Pregel grossi de l'Alle, et le Niémen, et par le Rhin et la Moselle.

74. Les États prussiens se divisent en provinces, dont les unes font partie de la Confédération Germanique, et dont les autres lui sont étrangères. Les premières sont les provinces de la Prusse Rhénane, Westphalie, Poméranie, grand-duché de Brandebourg, duché de Saxe et Silésie, divisés en dix-neuf régences. Berlin est la capitale du royaume ; les villes principales sont Magdebourg, Frankfort-sur-l'Oder, Stralsund, Stettin, Breslau, Munster, Dusseldorf, Cologne, Aix-la-Chapelle.

75. Les seconds sont la Prusse royale et le grand-duché de Posen, divisés en six régences ; villes principales : Danzig, Kœnigsberg, Posen, etc.

76. La population dépasse 16 millions, dont deux tiers de race allemande, le reste de race slave dans les provinces polonaises, et de race française dans les provinces du Rhin.

77. Les possessions éloignées sont les deux principautés de Hohenzollern ; la Prusse a aussi des prétentions sur Neufchâtel.

78. L'armée se compose de l'armée régulière (115,000 hom.), de la landwer ou milice et de la landsturm ou levée en masse. Le revenu du royaume est d'environ 350 millions.

79. § II. L'Allemagne est bornée par la France, la Belgique, les Pays-Bas ; la mer du Nord, le Danemark et la mer Baltique ; la Russie et la Pologne ; la Suisse, l'Italie et la Turquie.

80. L'Allemagne est baignée par la mer du Nord, la mer Baltique au N., et la mer Adriatique au S.

81. Les chaînes de montagnes sont les Karpathes, d'où se détachent diverses chaînes secondaires ; le S. est couvert par les rameaux de la chaîne des Alpes (Alpes du Tyrol, de Stirie, Noriques, Carniques et Dinariques).

82. L'Allemagne se partage entre les versants Océanien et Méditerranéen ; les fleuves principaux sont la Vistule et l'Oder, l'Elbe, le Wéser, l'Ems et le Rhin ; le Danube recevant la Morava, la Theiss, l'Issar, l'Inn, le Raab, la Drave et la Save ; l'Adige. Les lacs sont ceux de Muritz, de Chiem, de Wurm, de Constance.

83. Elle se divise en trois parties : 1° les États compris en entier dans la Confédération germanique avec les provinces danoises et hollandaises qui en font partie ; 2° la Prusse ; 3° l'Autriche.

84. La Confédération Germanique a pour limites la mer Baltique, le Schleswig, la mer du Nord, les Pays-Bas, la Belgique, la France et la Suisse, les provinces de l'Autriche non comprises dans la Confédération, la Pologne, la Russie et la Prusse royale. La population est de 40 millions d'hab., dont 34,000,000 de la race teutonique et le reste slaves, juifs et grecs.

85. La Confédération est formée de 40 États, administrés par une diète réunie à Frankfort-sur-le-Main, ayant ensemble soixante-neuf voix. Sur ces 40 États, plusieurs sont décrits avec la Hollande, le Danemark, la Prusse ou l'Autriche, dont ils font partie.

86. Le royaume de Hanovre, composé de plusieurs provinces séparées,

est borné par le Danemark, la mer du Nord, les Pays-Bas, la Hesse-Cassel, la Prusse; le Brunswick le borne aussi à l'E. Pop., 1 million 738,000 habitants dont la majorité luthériens; gouvernement absolu; 7 provinces; capitale, Hanovre.

87. Grand-duché d'Oldenbourg, 3 territoires dont le principal est enclavé dans le Hanovre; pop. 268,000 hab.; gouvernement absolu; capitale, Oldenbourg. — Duché de Brunswick, composé de 5 territoires enclavés dans le Hanovre et la Prusse; 269 000 hab.; gouvernement représentatif; capitale, Brunswick.— Principautés de Lippe, enclaves du Brunswick et du Hanovre. — Principauté de Waldeck, enclave des précédentes.

88. Grands-duchés du Mecklembourg : 2 duchés au S de la mer Baltique. — Schwérin, à l'O.; 479,000 hab,; cap. Schwérin. — Strélitz, à l'E.; 80,000 hab.; capitale Strélitz.

89. Principauté de Hesse-Cassel, au S. de la Prusse et du Hanovre; 722,000 hab.; deux tiers protestants; monarchie représentative; capitale, Cassel.— Grand-duché de Hesse-Darmstadt, au S. O. du précédent; 793,000 hab., dont trois quarts protestants; monarchie représentative; capitale, Darmstadt. — Landgraviat de Hesse-Hombourg, enclavé dans les précédents. — Duché de Nassau, borné par la Prusse et la Hesse-Darmstadt; 388,000 habitants, moitié protestants et catholiques; gouvernement représentatif; capitale, Wiesbaden.

90. Grand-duché de Bade, au S. de la Hesse-Darmstadt, borné au S. et à l'O. par le Rhin; 1,227,000 hab., deux tiers catholiques; monarchie représentative; 4 provinces; capitale, Karlsruhe.

91. Royaume de Wurtemberg, borné par le grand-duché de Bade et la Bavière; 1,647,000 habitants luthériens; monarchie représentative; capitale, Stuttgard.

92. Royaume de Bavière borné par la Saxe, la Hesse, le Wurtemberg et les États autrichiens. Il possède à gauche du Rhin une province limitrophe de la France; 4,339,000 habitants catholiques; monarchie représentative; capitale, Munich.

93. Duchés de Saxe. — 4 duchés à l'E. du Brunswick et de la Hesse : Saxe Weimar, 246,000 habitants. — Saxe-Cobourg-Gotha, 140,000 hab. — Saxe-Meiningen-Hildburghausen, 149,000 hab. — Saxe-Altenbourg, 121,000 hab. —Au milieu de ces duchés sont enclavées : 1° Les 2 principautés de Schwarzbourg, Rudolstadt et Sondershausen; 2° les 3 principautés de Reuss; 3° les 3 principautés d'Anhalt.

94. Royaume de Saxe entre la Prusse, la Saxe Ducale, la Bohême; 1,660,000 hab. luthériens; gouvernement représentatif; capitale, Dresde.

95. Les villes libres sont Frankfort, sur le Main, Brême, sur le Wéser, Hambourg, sur l'Elbe, et Lubeck, sur la Trave.

96. Le zollwerein ou union douanière a été formé dans le nord de l'Allemagne par la Prusse et les États voisins pour favoriser le commerce.

97. § III. La Confédération Suisse est bornée par la France, les États Sardes, la Lombardie et l'Autriche, le Wurtemberg et le grand-duché de Bade.

98. Elle est couverte par les ramifications des Alpes et du Jura: Alpes Pennines (le Grand Saint-Bernard et le mont Rosa); Alpes

Helvétiques (Simplon, Saint-Gothard) ; Alpes Bernoises (la Yung-Frau). L'E est couvert par les Alpes Rhétiques et Grisonnes. Les glaciers occupent les hautes vallées.

99. La ligne de partage des versants Océanique et Méditerranéen partage la Suisse. Les rivières du versant Océanique se jettent dans le Rhin, qui traverse le lac de Constance, ce sont : la Thur, l'Aar avec les eaux des lacs de Brienz et de Thun, la Limmat avec les eaux du lac de Zurich, la Reuss avec celles des lacs des Quatre Cantons, et de Zug ; la Thièle avec les eaux du lac de Neufchâtel. Dans le versant méditerranéen coulent : le Rhône avec les eaux du lac Léman ; le Tésin et autres affluents du Po ; l'Inn, affluent du Danube.

100. Il y a 22 cantons, savoir : Zurich, Berne, Lucerne, Uri, Schwyz, Unterwalden, Glaris, Zug, Fribourg, Soleure, Bâle, Schaffhouse, Appenzell, Saint-Gall, Grisons, Argovie, Thurgovie, Tessin, Vaud (Lausanne), Valais (Sion), Neufchâtel et Genève. Berne est le siége de la diète.

101. Les 22 cantons forment une confédération. Chaque canton a son gouvernement à part, et les affaires générales sont traitées dans la diète ; 2,200,000 hab., 9 cantons et 900,000 hab. sont catholiques, 5 cantons et 1,300,000 protestants, les autres mixtes. — On parle français, allemand et italien.

§ Ier. ROYAUME DE PRUSSE.

71. SITUATION ET LIMITES. — SUPERFICIE. — Les États du roi de Prusse (*Preussische Staaten*) sont compris entre les 50e et 56e degrés de latitude N., et entre les 3e et 21e degrés de longitude E. — Ils se composent de deux parties distinctes, dont l'une occupe toute la partie septentrionale de l'Allemagne centrale, et a pour bornes au N. la Baltique et le Mecklembourg ; à l'O., le Hanovre et la Hesse ; au S., les principautés et le royaume de Saxe, une partie des États Autrichiens, et la Pologne, qui, avec la Russie, la borne encore à l'E. La seconde partie des États Prussiens, désignée sous le nom de *Prusse Rhénane*, ou *grand-duché du Bas-Rhin*, est séparée de la Prusse, à l'E., par le Hanovre et la Hesse, et entourée par le Hanovre au N., les Pays-Bas et la Belgique à l'O., la France et plusieurs petits États Allemands au S.

72. MERS ET ILES PRINCIPALES. — La Prusse est baignée par la mer Baltique, qui forme sur ses côtes le profond golfe de Danzig, et plusieurs lagunes considérables (voir n° 72). Elle possède dans cette mer trois îles, savoir : WOLLIN et USEDOM entre les bouches de l'Oder ; RUGEN, au N. O. des précédentes, est beaucoup plus considérable, et fortifiée par l'art et la nature.

73. VERSANTS ET CHAINES DE MONTAGNES PRINCI-

PALES.—FLEUVES PRINCIPAUX ET VERSANTS.— Les seules montagnes remarquables de la Prusse sont celles du *Harz*, détachées des monts de la Bohême, et la portion des monts *Riesen* qui sépare la Silésie Prussienne de la Bohême. La Prusse, située tout entière sur le versant Océanique, est arrosée par le *Wéser*, l'*Elbe* avec son affluent le *Havel*, qui lui apporte les eaux de la *Sprée*, l'*Oder*, dont la *Warta* est le principal affluent, la *Vistule*, le *Prégel*, qui tombe, grossi de l'*Alle*, dans la grande lagune du *Frische-Haff*, et le *Niémen*, qui se divise en plusieurs branches avant de tomber dans la lagune du *Kurische-Haff*. Les provinces du *Rhin* sont traversées par le fleuve dont elles prennent le nom, et qui reçoit la *Moselle* à gauche, et la *Lippe* à droite ; dans le N. O., on trouve le *Wéoor* et l'*Ems*.

74. GRANDES DIVISIONS POLITIQUES. — CAPITALE (VILLES PRINCIPALES). — Les États Prussiens sont de deux espèces : 1° ceux qui font partie de la Confédération Germanique, à l'O., renfermant 6 provinces subdivisées en 19 régences, et 2° ceux qui ne font pas partie de la Confédération, formant 2 provinces subdivisées en 6 régences. Toutes les régences portent le nom de leur capitale, que nous indiquerons en mentionnant les villes principales. Les États qui font partie de la Confédération sont la *Prusse Rhénane*, à l'O.; la *Westphalie*, au N. O.; la *Poméranie*, au N.; le *grand-duché de Brandebourg*, au centre ; le *duché de Saxe*, au S. O.; et celui de *Silésie*, au S. E.

Dans le *Brandebourg* : BERLIN, sur la Sprée, capitale du grand-duché de *Brandebourg* et de tout le royaume de Prusse (424,000 h.). Au S. O. est *Potsdam*, chef lieu de régence, le Versailles de la Prusse (40,000 hab.), et voisin du célèbre château de *Sans-Souci*, maison de plaisance des rois.

— *Francfort*, sur l'Oder, au S. E. de Berlin, chef-lieu de cercle, célèbre par ses foires, ses belles rues et ses monuments. — *Brandebourg* (*Brandeburg*), à l'O. de Potsdam, ville très-ancienne, qui a donné son nom au margraviat devenu ensuite électorat, puis grand-duché, 18,000 hab.

Dans la *Saxe* : MAGDEBOURG, sur l'Elbe, capitale du duché de *Saxe*, ville très-forte, prise par les Français, en 1805, après un siège long et pénible (55,000 hab.). — *Erfurth*, ville forte, enclavée entre les principautés de Saxe-Gotha et Weimar, chef-lieu de régence ; (32,000 hab.) — *Halle*, au S. E. de Magdebourg, remarquable par ses salines et par sa célèbre université ; (34,000 hab.) — *Lutzen*, plus au S. E., illustrée par deux victoires, l'une remportée sur l'empereur d'Allemagne, en 1632, par le roi de Suède Gustave-Adolphe, qui la paya de sa vie, et l'autre gagnée sur les Prussiens et les Russes, en 1813, par les Français, qui y lavèrent l'affront fait à leurs armes, en 1757, par le grand Frédéric, à *Rosbach*, situé à peu de distance, et où les Prussiens avaient élevé, en mémoire de cet événement, une colonne, détruite par les Français après la victoire d'Iéna.

Dans la *Poméranie Prussienne* : STETTIN, au N. E. de Berlin, sur l'Oder, capitale de la province, ville très-forte et très-commerçante (47,000 hab.). — *Stralsund*, au N. O. de Stettin, sur le détroit qui sépare l'île Rugen du continent; capitale de l'ancienne *Poméranie Suédoise*, ville très-forte; (19,000 hab.)

Dans la *Silésie* : BRESLAU, au S. E. de Berlin, sur l'Oder, capitale de la province, et qui mérite le nom de troisième capitale de la Prusse par ses monuments, son industrie, son commerce et sa population, qui est de 111,000 hab.

Dans la *Westphalie* : MUNSTER, au N. O., capitale de la province, évêché; célèbre par le traité de paix de 1648; (25,000 hab.) — *Dusseldorf*, au S. O. de Munster, ville grande et industrieuse, avec un port très-actif sur le Rhin, chef-lieu de régence; (27,000 hab.) — *Coblentz*, au confluent du Rhin et de la Moselle, chef-lieu de régence; ville forte; (25,000 hab.) — *Trèves* (*Trier*), sur la Moselle, ville très-importante sous les Romains, et regardée comme la plus ancienne de l'Allemagne, chef-lieu de régence, évêché.

Dans la *Prusse Rhénane* : COLOGNE (*Koln*) sur le Rhin, capitale de la province, archevêché catholique; ville forte, renommée pour son eau aromatique, et patrie de saint Bruno; (95,000 hab.) — AIX-LA-CHAPELLE (*Aachen*), au S. O. de Cologne, chef-lieu de régence, choisie par Charlemagne pour être le siège de son empire, et célèbre par plusieurs traités de paix; (51,000 hab.) — *Paderborn*, ville fondée, dit-on, par Charlemagne.

75. GRANDES DIVISIONS POLITIQUES (*suite*). — Les États qui ne font pas partie de la Confédération Germanique, formant 2 provinces subdivisées en 6 régences, sont : l'ancienne *Prusse royale*, et le *grand-duché de Posen*, composé de la partie de la Pologne qui est restée à la Prusse d'après les derniers traités.

Les villes principales sont : — dans la *Prusse Royale* : DANZIG, au N., près de la Vistule et du golfe auquel elle donne son nom; capitale d'une régence formée de l'ancienne *Prusse Occidentale*, et l'une des villes les plus importantes de l'Europe par son commerce et ses richesses. Les Français la prirent en 1807, après un siège mémorable (65,000 habitants). — KOENIGSBERG, au N. E., sur le *Pregel*, près de la mer; à 7 kilomètres de son embouchure dans le Frische-Haff, ville forte. Elle est la seconde capitale du royaume et celle de la province de *Prusse*, formée de l'ancienne *Prusse Royale*; 75,000 hab.—*Eylau* et *Friedland*, au S. E. de Kœnigsberg, célèbres par les victoires qu'y remportèrent les Français sur les Prussiens et les Russes, en 1807, et qui amenèrent la paix qui fut signée à *Tilsitt*, près du Niémen, au N E de Kœnigsberg. *Marienbourg*, ville forte, au S. E. de Danzig, ancienne résidence des chevaliers Teutoniques.—*Marienwerder*, plus au S., chef-lieu de régence, conserve encore le palais et les tombeaux de plusieurs grands maîtres de l'ordre Teutonique.

Dans le *grand-duché de Posen* : POSEN (*Poznan*), sur la Warta, capitale du grand-duché (45,000 hab.). — *Gnesen* ou *Gnesne*, au N. E. de Posen, archevêché catholique dont le titulaire réside à Posen : c'est, dit-on, la première ville bâtie en Pologne; on y couronnait autrefois les rois de ce pays. — *Thorn*, sur la Vistule, qu'on y passe sur un pont de 2 kilom. de long; patrie de l'astronome Copernic.

76. GOUVERNEMENT. — POPULATION. — RACES ET RELIGIONS. —La population totale de la Prusse atteint environ 16 millions d'habitants. La race allemande forme la masse de la population dans l'intérieur, les Slaves, dans les provinces polonaises, et les Français dans celles du Rhin. La superficie totale est de 278,945 kil. — Le gouvernement prussien est une monarchie représentative. — Près des deux tiers de la population appartiennent à la nouvelle Église Évangélique, qui est celle de l'État, et possède deux évêchés à *Berlin* et à *Kœnigsberg*; l'autre tiers professe la religion catholique et possède deux archevêchés et six évêchés.

77. POSSESSIONS ÉLOIGNÉES. — La Prusse possède encore les deux principautés de *Hohenzollern*, qui y ont été réunies dernièrement. Elles sont situées au S. du royaume de Wurtemberg, et se distinguent l'une de l'autre par les noms de leurs capitales : *Hechingen*, au N., petite ville voisine du château de Hohenzollern, berceau de la famille royale prussienne de Brandebourg; et *Sigmaringen*, plus au S. E. sur le Danube.

La Prusse élève également des prétentions à la souveraineté de *Neufchâtel*, qui fait partie de la Confédération Suisse.

78. PORTS PRINCIPAUX. — ARMÉE. — MARINE. — REVENU. —Les ports principaux de la Prusse sont ceux de : *Danzig*, *Stralsund*, *Stettin*, *Coslin*. — L'armée prussienne se compose de l'armée permanente, de la *landwer* ou milice nationale, et de la *landsturm* ou levée en masse; l'armée permanente en temps de paix monte à 115,000 hommes, et la *landwer* à 145,000. C'est cette armée, admirablement organisée par le grand Frédéric, qui a permis à la Prusse de prendre le rang qu'elle occupe en Europe. — La Prusse ne possède qu'une très-petite escadre de guerre qui stationne à Stralsund. — Les revenus du royaume montent à 350 millions de francs. La dette s'élevait en 1843 à environ 490 millions de francs.

§ II. ALLEMAGNE.

79. SITUATION ET LIMITES.—L'ALLEMAGNE (*Deutschland*) est cette grande région qui comprend toute la partie centrale de l'Europe, comprise entre la France, dont elle est séparée par le Rhin, la Belgique et les Pays-Bas, à l'O.; la Pologne et l'empire de Russie, à l'E.; la mer du Nord, le Danemark et la mer Baltique, au N.; et la Suisse, l'Italie, dont la séparent les Alpes, et la Turquie d'Europe, au S.

80. MERS. — L'Allemagne envoie ses eaux à quatre mers. Tout le N. et l'O. appartiennent au versant Océanien et déversent leurs eaux dans la mer Baltique et dans la mer du Nord; une petite partie du S. O. est baignée par la mer Adriatique, et par conséquent, ainsi que le S. E., dont les eaux se perdent dans la mer Noire, appartient au versant Méditerranéen.

A l'exception des îles que nous avons mentionnées en parlant de la Prusse et du Danemark, l'Allemagne n'en possède aucune.

81. VERSANTS ET CHAINES DE MONTAGNES.—L'Allemagne, dont toute la partie septentrionale ne forme qu'une vaste plaine, est traversée dans son centre par diverses chaînes de montagnes peu élevées, qui se rattachent à l'E. à la chaîne des *Karpathes*, continuent vers l'O. la ligne de partage des eaux des deux grands versants Océanique et Méditerranéen, à travers les provinces Autrichiennes de la Moravie et de la Bohême qu'elles entourent, au S E. et au S. O., sous les noms de *Zdarsky-Hory* et de *Bœhmerwald*, et se prolongent à travers la Bavière et le Wurtemberg jusqu'aux *Montagnes de la Forêt-Noire* ou *Schwartz-Wald*, qui entourent les sources du Danube. — Un rameau détaché de ces montagnes entoure la Bohême au N. E. et au N. O. sous les noms de monts *Riesen* et *Erz*, et se prolonge, par les *Monts de la Thuringe*, jusqu'à la petite chaîne du *Harz*, dans le centre de la Prusse.—La partie méridionale de l'Allemagne est couverte par diverses ramifications de la chaîne des Alpes qui se prolongent dans les provinces de l'empire d'Autriche sous les noms d'*Alpes du Tyrol*, où se trouvent les plus hautes montagnes de l'Allemagne, savoir : l'*Orteler* (3,917 m.) et le *Dodi* (3,571 m.) ; elles se partagent ensuite en deux branches dont l'une se prolonge par les *Alpes de Stirie* jusqu'au *Kahlenberg*, aux environs de Vienne, tandis que l'autre descend vers le S. O., sous les noms d'*Alpes Noriques*, avec le *Gross Glochna* (3,894 m.) pour point culminant; d'*Alpes Carniques*, point culminant la *Marmolata* (3,508 m.); d'*Alpes Juliennes*, point culminant le *Terglou* (3,400 m.); enfin d'*Alpes Dinariques*, qui se prolongent jusque au delà de la Dalmatie, mais qui n'ont pas de sommets fort élevés.

82. FLEUVES ET LACS PRINCIPAUX. — Cette vaste contrée, traversée de l'E. à l'O. par la ligne de partage des deux versants Océanique et Méditerranéen, a toute sa partie septentrionale dans le premier de ces bassins, et inclinée, par conséquent, vers le N., où elle envoie : 1° dans la mer Baltique la *Vistule* et l'*Oder*, et 2° dans la *mer du Nord*, l'*Elbe*, le *Weser*, l'*Ems* et le *Rhin* avec le *Main*, son principal affluent —Quant à la portion de l'Allemagne appartenant au versant Méditerranéen, elle est comprise presque tout entière dans le grand bassin du *Danube*, formé par une profonde vallée, occupant toute l'Europe centrale, et inclinée à l'E. vers la mer Noire, à laquelle le Danube porte les eaux d'une foule d'affluents, parmi lesquels nous citerons seulement : la *Morava*, le *Waag* et la *Theiss*, sur la rive gauche; l'*Issar*, l'*Inn*, le *Raab*, la *Drave* et la *Save*, sur la rive droite. — Ce dernier fleuve, avec tous ses affluents et la partie supérieure du cours de la Vistule, de l'Oder et de l Elbe, arrose les diverses parties de l'empire d'Autriche —La partie inférieure des cours de la Vistule et de l'Oder, et une partie de ceux de l'Elbe, du Wéser, de l'Ems et du Rhin, traversent les diverses provinces de la monarchie prussienne. — Une petite portion du S. de l'Allemagne est arrosée par l'*Adige*, petit fleuve tributaire de la mer Adriatique.

Les lacs ne sont pas nombreux en Allemagne proprement dite ; à l'exception de ceux situés en Autriche et en Suisse, que nous énumérerons plus tard, n°s 99 et 105, les principaux sont : ceux de *Muritz*, qui s'écoule dans l'Elbe, au N.; de *Chiem*, de *Wurm* et d'*Ammer*, au S.; et enfin, celui de *Constance* (*Boden-See*), entre l Allemagne et la Suisse.

83. GRANDES DIVISIONS POLITIQUES. —Cette vaste contrée se divise, sous le rapport politique, en trois grandes parties principales, savoir : 1° Les *États compris tout entiers dans la Confédération Germanique*, avec les provinces du *Danemark* et des *Pays-Bas* qui y sont annexées; 2° le royaume de *Prusse*, et 3° l'empire d'*Autriche*, qui ont une partie de leurs provinces comprises dans la Confédération Germanique, et une autre partie placée en dehors de cette même Confédération. Nous ne nous occuperons ici que des États qui sont compris tout entiers dans cette Confédération, les provinces de la Confédération appartenant à des États qui n'y sont pas compris en entier, étant décrites avec ces États eux-mêmes.

84. Limites de la Confédération Germanique. — Population. — Gouvernement. — Armée. — Les pays compris dans la Confédération Germanique ont pour limites : au N. la mer Baltique, la province danoise du Schleswig et la mer du Nord ; à l'O. les Pays-Bas, la Belgique, la France et la Suisse ; au S. les provinces italiennes et allemandes de l'empire d'Autriche non comprises dans la Confédération, et à l'E. les provinces polonaises des empires d'Autriche et de Russie et du royaume de Prusse avec l'ancienne Prusse royale.

— Tous ces pays comprennent, ainsi que le montre le tableau ci après, une population totale de 40 à 41 millions d'habitants dont 34 millions environ appartiennent à la famille teutonique, 6 millions à la famille slave, 320,000 à la race juive, et le surplus aux familles latine, grecque, etc.

La Confédération Germanique, formée d'une réunion de 40 États unis pour la sûreté commune, est administrée par une diète fédérative siégeant à *Frankfort-sur-le-Main.* Cette assemblée, présidée par l'Autriche, se compose de dix-sept membres, pour toutes les affaires ordinaires. et de soixante-neuf membres, parmi lesquels chacun des États est représenté en proportion de son importance, pour les affaires qui touchent aux lois fondamentales. Les États de la Confédération contribuent à sa force militaire dans la proportion de leur population : 1 homme par 100 habitants pour le service actif, et 1 sur 300 pour la réserve. L'armée présente un effectif de 300,000 hommes.

85. Tableau des États de la Confédération Germanique. — Le tableau suivant indique quel rang chacun des États allemands occupe dans la Confédération, et dans quelle proportion il est représenté dans l'une et l'autre diète.

CONFÉDÉRATION GERMANIQUE.

NOMS DES ÉTATS d'après leur rang a la diete.		Votes à la Diete.	SUPERFICIE en kilomètres carrés.	POPULATION
(1) I	1 Empire d'Autriche..................	4	196,735	11,713,950
II	2 Royaume de Prusse..................	4	184,965	12,466,000
III	3 Re de Bavière.....................	4	76,890	4,338,370
IV	4 Re de Saxe........................	4	14,960	1,665,590
V	5 Re de Hanovre	4	38,335	1,737,500
VI	6 Re de Wurtemberg..................	4	19,910	1,646,780
VII	7 Gr Dé de Bade.....................	3	15,150	1,227,260
VIII	8 Gr Dé de Hesse-Cassel.............	3	10,010	721,550
IX	9 Gr Dé de Hesse-Darmstadt..........	3	8,415	793,130
	10 Landgr. de Hesse-Hombourg........	1	275	23,400
X	11 Dé de Holstein et Lauenbourg	3	9,625	476,950
XI	12 Gr Des de Luxembourg et de Limbourg.	3	4,895	332,290
XII	13 Gr Dé de Saxe Weimar.............	1	3,685	245,820
	14 Dé de Saxe-Cobourg-Gotha.........	1	2,090	140,050
	15 De de Saxe-Meiningen et Hildburghausen	1	2,420	148,590
	16 Dé de Saxe-Altenbourg............	1	1,320	121,590
XIII	17 Dé de Brunswick..................	2	3,960	269,000
	18 Dé de Nassau	2	4,675	387,570
XIV	19 Gr Dé de Mecklembourg Swerin.....	2	12,540	478,800
	20 Gr Dé de Mecklembourg-Strelitz...	1	2,585	87,820
XV	21 Gr Dé d'Oldenbourg...............	1	6,270	267,660
	et Seigneurie de Kniphausen			
	22 Dé d'Anhalt-Dessau...............	1	825	61,480
	23 Dt d'Anhalt-Bernbourg............	1	770	46,920
	24 Dé d'Anhalt-Kœthen...............	1	660	40,200
	25 Pté de Schwarzbourg-Sondershausen..	1	825	55,810
	26 Pté de Schwarzbourg-Rudolstad	1	880	66,130
XVI	27 Pté de Hohenzollern-Hechingen (2)....	1	330	20,200
	28 Pté de Hohenzollern-Sigmaringen (2)...	1	715	42,990
	29 Pté de Lichtenstein..............	1	165	6,520
	30 Pté de Waldeck...................	1	1,210	56,480
	31 Ptés de Reuss-Greitz.............	1	385	31,500
	32 Ptés de Reuss-Schleitz...........	1	770	72,050
	et de Reuss-Lobenstein-Ebersdorf.....			
	33 Pté de Schauenbourg-Lippe........	1	550	27,600
	34 Pté de Lippe-Detmold.............	1	1,155	82,970
XVII	35 Ville libre de Lubeck............	1	330	47,200
	36 — de Frankfort-sur-le-Main...	1	110	64,570
	37 — de Brême................	1	275	57,800
	38 — de Hambourg.............	1	385	153,500
	En tout 40 États.	69	632,080	40,203,000

(1) Les chiffres romains indiquent la répartition des voix à la diete de 17 membres. Plusieurs États sont souvent réunis pour une seule voix.
(2) Ces deux États sont unis à la Prusse (n° 70).

60   ALLEMAGNE.

Des 40 États mentionnés dans le tableau ci-dessus, ceux qui font partie des royaumes de *Danemark*, des *Pays-Bas* et de *Prusse*, ont déjà été décrits avec ces royaumes; ceux qui appartiennent à l'*Autriche* le seront avec cette monarchie; il ne nous reste donc à décrire ici que les 34 autres Etats. Nous le ferons en proportionnant les détails à leur importance et en procédant géographiquement du N. au S., et de l'O. à l'E.

86. I. ROYAUME DE HANOVRE. — BORNES. — POPULATION. — RELIGION. — GOUVERNEMENT. — DIVISIONS. — VILLES PRINCIPALES. — Le royaume de Hanovre, situé au N. O. de l'Allemagne, est composé de provinces séparées les unes des autres par divers États et entourées au N. par le Danemark et la mer du Nord, à l'O. par les Pays-Bas, au S. par la Hesse-Cassel et la Prusse, qui, avec le Brunswick, les borne aussi à l'E. — Il compte environ 1 million 738,000 habitants, dont 1 million 520,000 luthériens et 213,000 catholiques. — Ce pays, qui a eu pendant plus d'un siècle les mêmes souverains que l'Angleterre, et qui jouissait alors du gouvernement représentatif, a recommencé en 1837 à avoir un roi particulier qui a substitué en 1838 le pouvoir absolu aux formes constitutionnelles.

Le Hanovre est divisé en 7 provinces ou districts, dont les chefs-lieux sont : — HANOVRE (*Hannover*), vers le S. E., sur la *Leine*, affluent de *l'Aller*, et sur le chemin de fer de Cologne à Magdebourg, capitale du royaume et de l'ancienne principauté de *Kalenberg*; ville industrieuse et très-commerçante (39,000 hab.).

OSNABRUCK, plus au S. O., siége d'un évêché catholique, autrefois souverain, érigé par Charlemagne; remarquable par ses fabriques de draps, ses importants marchés de toiles et par le célèbre traité de Wesphalie qui y fut conclu en 1648 entre les Suédois et l'empereur.—A la même province appartient, quoique située bien plus au S., *Gottingen* ou *Gættingue*, célèbre par son Université et sa riche bibliothèque. — KLAUSTHAL, plus au N. E., est le chef-lieu du district minier du *Harz*, dont les mines de plomb argentifère, de cuivre et de fer donnent un produit annuel de 30 millions de francs.—LUNEBOURG, au N. E. du royaume; autrefois ville impériale, hanséatique et très-commerçante; elle possède encore d'importantes salines. — AURICH, au N. O. du royaume, non loin de la mer du Nord. — STADE, plus à l'E., près de la rive gauche de l'Elbe; place forte avec un arsenal.

87. II. GRAND-DUCHÉ D'OLDENBOURG. — POSITION. — — DIVISIONS. — POPULATION. — GOUVERNEMENT. — VILLES

PRINCIPALES. — Le grand-duché d'Oldenbourg, situé dans le N. O. de l'Allemagne, se compose de trois principaux territoires séparés les uns des autres et dont le principal est entouré de toutes parts par le Hanovre, si ce n'est au N., où il touche la mer d'Allemagne. — Cette petite monarchie absolue compte 267 mille habitants. Le pays produit d'excellents chevaux. — Il a pour capitale OLDENBOURG, à peu près au centre, jolie ville assez commerçante, capitale du *duché d'Oldenbourg proprement dit;* les deux autres divisions principales du grand-duché sont :

La *Principauté de Lubeck*, capitale EUTIN, près de la mer Baltique, sur un lac, dans une île duquel se trouve l'ancienne résidence des princes évêques de Lubeck; la *Principauté de Birkenfeld*, sur la rive gauche du Rhin, portant le nom de sa capitale, située au S. E. de Trèves, et possédant un château ducal.

III SEIGNEURIE DE KNIPHAUSEN. — Cette petite seigneurie, le plus faible des Etats de la Confédération Germanique et de l'Europe, est enclavée au N. de l'Oldenbourg; elle compte seulement 3,200 habitants, et *Kniphausen*, où se trouve le château du comte de Bentinck, son seigneur, n'en a qu'une cinquantaine.

IV. DUCHÉ DE BRUNSWICK. — POSITION. — DIVISIONS. — GOUVERNEMENT. — POPULATION. — VILLES PRINCIPALES. — Ce duché se compose de 6 territoires principaux, enclavés dans le Hanovre et la Prusse et comprenant ensemble une population de 269 mille hab. — Il a un gouvernement représentatif. — Capitale BRUNSWICK (*Brunschweig*) sur l'*Ocker*, tributaire du Wéser, grande ville qui possède d'importants établissements d'éducation publique et de beaux édifices : (36 mille habit.) — *Wolfenbuttel*, plus au S. E., a une belle bibliothèque (8,000 hab.), et est le siége d'une cour d'appel pour le duché et aussi pour les principautés de Lippe et de Waldeck.

V ET VI. PRINCIPAUTÉS DE LIPPE. — On peut placer parmi les enclaves du Brunswick et du Hanovre, la principauté de LIPPE-DETMOLD (82,970 hab.); capitale DETMOLD, au S. O. de Hanovre, et celle de SCHAUENBOURG-LIPPE (27,600 hab.); capitale *Buckeberg*, plus au N.

VII. WALDECK. — Cette principauté (56,480 hab.) est enclavée aussi en partie dans les précédentes. Outre sa capitale *Corbach*, au S. de Detmold, on doit y citer *Pyrmont*, capitale d'un petit district séparé, à l'E. de Detmold, et renommée par ses eaux minérales.

88. VIII ET IX. — GRANDS-DUCHÉS DE MECKLEM-

BOURG. — POSITION. — DIVISIONS. — POPULATION. — GOUVERNEMENT. — RELIGION. — VILLES PRINCIPALES. — Le Mecklembourg, situé au N. E. du Hanovre, sur le rivage méridional de la mer Baltique, forme deux grands-duchés gouvernés par deux branches de la plus ancienne maison souveraine de l'Europe et distingués entre eux par les noms de leurs capitales, mais ayant une diète et une cour de justice communes. Le luthéranisme est la religion de la presque totalité des habitants. — Ces deux grands-duchés sont : — VIII. Celui de MECKLEMBOURG-SCHWÉRIN, à l'O., avec une population de 479 mille hab., capitale SCHWÉRIN, entre deux lacs dont le plus considérable porte son nom et renferme plusieurs îles dans l'une desquelles est bâti le palais du grand duc. — *Ludwigslust*, joli bourg, plus au S., a un château magnifique où le prince faisait autrefois sa résidence ordinaire. — *Rostock*, plus au N., port près de l'embouchure de la *Warnow*, est la ville la plus grande, la plus industrieuse et la plus commerçante du grand-duché; (49 mille habit.) — *Parchin*, plus au S. O., est le siége de la cour suprême de justice des deux duchés.

IX. Le grand duché de MECKLEMBOURG-STRÉLITZ, à l'E. du précédent, à 88 mille hab., capitale STRÉLITZ, divisé en *vieux* et *nouveau Strélitz* et ayant ensemble 10 mille hab. Le dernier renferme le palais du grand-duc.

89. X. PRINCIPAUTÉ DE HESSE-CASSEL. — DIVISIONS. — POSITION. — POPULATION. — RELIGIONS. — GOUVERNEMENT. — VILLES PRINCIPALES. — La principauté électorale de Hesse, appelée aussi *Hesse-Cassel* du nom de sa capitale, se compose de 6 territoires isolés, répartis en 4 provinces administratives et dont le principal est situé au S. de la Prusse et du Hanovre. Elle compte 722 mille hab. dont les deux tiers au moins sont protestants et un septième environ catholiques. — Son gouvernement est une monarchie représentative. — Ses villes principales sont : — CASSEL, sur la *Fulde*, affluent du Wéser au N., l'une des plus belles villes de l'Allemagne ; capitale de la principauté, et qui fut celle du royaume de Westphalie, au temps de Napoléon Ier (32 mille habitants).

MARBURG, plus au S. O., chef-lieu de la province de la *Haute-Hesse*, avec une université —FULDE, plus au S. E., siége d'un évêché catholique, et chef-lieu de la province de son nom, à laquelle appartient aussi l'industrieux district de *Smalkalde*, ville célèbre par la ligue protestante de 1530. — HANAU, plus au S. O., près du Man, est le chef-lieu de la province de son nom, et fut témoin, en 1813, d'une victoire de Napoléon sur les Autrichiens et les Bavarois.

XI. — GRAND-DUCHÉ DE HESSE-DARMSTADT. — POSITION. — DIVISIONS. — POPULATION. — RELIGIONS. — GOUVERNEMENT. — VILLES PRINCIPALES. — Le grand-duché de Hesse-Darmstadt est situé au S. O. du précédent, et séparé par la province de Hanau en deux parties qui forment 3 provinces administratives. — Il compte 793 mille hab., dont près des trois quarts sont protestants et un quart catholiques. — C'est une monarchie représentative. — Ses principales villes sont : — DARMSTADT, vers le S., près de la rive droite du Rhin, capitale de la principauté de *Starkenbourg* et de tout le grand-duché, avec de beaux édifices et un riche musée ; (30 mille hab.).

MAYENCE (*Mainz*), sur la rive gauche du Rhin, vis-à-vis son confluent avec le Main ; capitale de l'ancien archevêché électoral de son nom, et aujourd'hui, de la province de la *Hesse Rhénane* ; siège d'un évêché catholique et la plus importante forteresse de la Confédération Germanique ; port franc très-commerçant par le Rhin ; célèbre par le siège que les Français y soutinrent en 1793 ; patrie de Gutenberg, inventeur de l'imprimerie (32,000 hab.). — GIESSEN, plus au N. E., capitale de la province de la *Haute-Hesse*, avec une université. — *Offenbach*, au N. O. de Darmstadt sur le Main, la ville la plus industrieuse du grand-duché. — WORMS (l'ancienne *Borbetomagus*), plus au S. O., sur la rive gauche du Rhin, ville très-ancienne, où séjournèrent fréquemment Charlemagne et les autres princes carlovingiens, et dans laquelle s'assemblèrent souvent les diètes germaniques.

XII. HESSE-HOMBOURG. — Le petit Landgraviat de ce nom se compose de plusieurs territoires enclavés dans les États précédents, et comprenant ensemble 23 à 24 mille habitants. C'est une monarchie pure, qui doit son surnom à sa capitale, petite ville de 3,000 hab., au N. de Francfort-sur-le-Main.

XIII. DUCHÉ DE NASSAU. — POSITION. — POPULATION. — RELIGIONS. — GOUVERNEMENT. — VILLES PRINCIPALES. — Le duché de Nassau est entouré par la Prusse à l'O. et au N., et par la Hesse-Darmstadt, à l'E. et au S. — Il compte environ 388 mille hab. partagés presque également entre les églises catholique et évangélique ; il possède un gouvernement représentatif. — Sa capitale est WIESBADEN, au N. du confluent du Rhin et du Main ; elle doit son nom à ses eaux thermales, extrêmement fréquentées et déjà renommées sous la domination romaine, dont on trouve encore aux environs de nombreux vestiges.

90. XIV. GRAND-DUCHÉ DE BADE. — POSITION. — POPULATION. — RELIGIONS. — GOUVERNEMENT. — DIVISIONS. — VILLES PRINCIPALES. — Le grand-duché de Bade, situé au S. de celui de Hesse-Darmstad, s'étend tout le long de la rive droite du Rhin, qui le sépare de la France, jusque dans l'angle formé par ce fleuve à sa sortie de la Suisse. — Il compte 1 million 227 mille hab., dont les deux tiers sont catholiques, 400 mille environ de l'Église évangélique et près de 20 mille juifs. — Son gouvernement est monarchique et représentatif. — Il est partagé en 4 cercles dont les villes principales sont : KARSLRUHE, vers le N. non loin du Rhin, sur le chemin de fer de la rive droite du Rhin, capitale du grand duché et du cercle du *Rhin-moyen :* ville moderne, bâtie très-régulièrement, possédant de beaux édifices et une école polytechnique (23 mille hab.).

MANNHEIM, plus au N. au confluent du Neckar et du Rhin, qu'on y traverse sur un pont de bateaux; capitale du cercle du *Bas-Rhin*, la seconde du grand-duché, et autrefois, celle du *Palatinat du Rhin*; siége de la cour suprême de justice et l'une des plus belles villes de l'Allemagne, possède un port franc très-commerçant, et un observatoire célèbre (24,000 hab.). — FREIBURG ou *Fribourg en Brisgau*, vers le S. O. du grand-duché, capitale du cercle du *Haut-Rhin*, avec un archevêché et une université catholique, une des plus belles cathédrales de l'Allemagne et un palais grand-ducal. — CONSTANCE (*Konstanz*), plus au S. E., sur la rive méridionale du lac de son nom, sur lequel elle a un port franc, qui est l'entrepôt de toute la navigation, capitale du cercle du *Lac*; ville forte et industrieuse; célèbre par le concile de 1451, qui condamna les deux réformateurs Jean Huss et Jérôme de Prague, lesquels furent brûlés comme hérétiques (6,400 hab.). — *Heidelberg*, au S. E. de Manheim, avec un beau pont sur le Neckar, une ancienne et fameuse université et un observatoire. On voit au voisinage l'ancien château des princes palatins avec ses celliers et ses tonnes immenses. — *Rastadt*, au S. O. de Karlsruhe, avec un château qui a été longtemps la résidence des margraves de Bade, et dans lequel se sont tenus les congrès de 1714 et 1798. — BADE ou *Baden-Baden*, un peu plus au S., jolie petite ville renommée par ses eaux thermales salines et sulfureuses, fréquentées par de nombreux baigneurs; avec un château ducal et un musée d'antiquités romaines.

91. XV. ROYAUME DE WURTEMBERG. — BORNES. — POPULATION. — RELIGION. — GOUVERNEMENT. — DIVISIONS.

— VILLES PRINCIPALES. — Le royaume de Wurtemberg est renfermé entre le grand-duché de Bade, au N. O., à l'O. et au S. O., et la Bavière, au S. E., à l'E. et au N. E. — Sa population est d'environ 1 million 647 mille habitants, la plupart luthériens. — Son gouvernement est monarchique et représentatif — Il est divisé en 4 cercles, dont les principales villes sont : — STUTTGART, au centre, près du Neckar, capitale du royaume, possédant une des plus riches bibliothèques du monde. (40 mille habitants.)

LUDWIGSBURG, un peu plus au N., aussi sur le *Neckar*, chef-lieu du cercle de ce nom, petite ville moderne, la plus régulière et la principale place d'armes du royaume, avec un vaste château royal. — ULM, au S E. de Stuttgart, sur le Danube; chef-lieu du cercle du *Danube*, avec une magnifique cathédrale. Les Français y prirent, en 1805, une armée allemande de 36 mille hommes. — REUTLINGEN, au S. de Stuttgart, ville industrieuse (10,000 hab.), chef-lieu du cercle de *Schwartz-Wald* ou de la Forêt-Noire. — HEILBRONN, plus au N., sur le Neckar, dans le cercle de ce nom, ville industrieuse et commerçante.

XVI ET XVII. PRINCIPAUTÉS DE HOHENZOLLERN. — (Voir n° 76.)

92. XVIII. ROYAUME DE BAVIÈRE. — BORNES. — POPULATION. — RELIGION. — GOUVERNEMENT. — Le royaume de Bavière (*Bayern*) est borné au N. par la Saxe, à l'O. par la Hesse et le Wurtemberg, au S. par le Tyrol, et à l'E. par l'Autriche et la Bohême. Il comprend, en outre, sur la rive gauche du Rhin, le *cercle du Rhin* ou *Bavière Rhénane*, enclavé entre la Hesse au N., le grand-duché du Bas-Rhin à l'O., la France au S., et le Rhin, qui le sépare du grand-duché de Bade, à l'E. — Sa population est de 4 millions 338 mille habitants, dont la grande majorité professe la religion catholique. — Son gouvernement est une monarchie représentative.

DIVISIONS ET VILLES PRINCIPALES. — Le royaume de Bavière, situé en grande partie dans le bassin du Danube, qui le traverse, et en partie dans celui du Rhin, est divisé administrativement en 8 cercles, dont les villes les plus remarquables sont : MUNICH (*Munchen*), vers le S. sur l'*Isar*, affluent du Danube, capitale du royaume et du cercle de la *Bavière Supérieure;* archevêché ; l'une des plus belles villes de l'Europe, possédant un beau palais royal, de riches musées et la bibliothèque la plus importante de l'Europe après celle de Paris (100,000 hab.)

Passau, plus au N. E., au confluent de l'*Inn*, de l'*Ilz* et du Danube; capitale du cercle de la *Bavière Inférieure*, ville très-ancienne et très-forte; siége d'un évêché autrefois souverain. — Augsbourg (l'ancienne *Augusta Vendelicorum*), au N. O. de Munich avec laquelle elle communique par un chemin de fer; sur le *Lech*, affluent du Danube; capitale du cercle de *Souabe-Neubourg*, évêché; ville très-industrieuse, l'entrepôt du commerce de l'Allemagne avec l'Italie, et l'une des villes les plus opulentes de l'Europe au moyen âge; célèbre par la diète où fut présenté, en 1530, le symbole luthérien dit *confession d'Augsbourg*, et par la *paix de religion* qui y fut signée en 1555 (35,000 hab.). — Ratisbonne (*Regensburg*), plus au N. E., au confluent de la *Regen* et du Danube, que l'on y passe sur un beau pont; ancienne capitale de la Bavière sous la race carlovingienne, et aujourd'hui, du cercle du *Haut-Palatinat*; évêché. — Anspach, ou *Ansbach*, plus au N. O., ancienne capitale des margraves de ce nom, et aujourd'hui, du cercle de la *Moyenne Franconie*, dans lequel se trouve plus à l'E. *Nuremberg*, ville forte, la seconde de la Bavière par sa population (47,000 hab.), et l'une des plus importantes de l'Allemagne par son industrie et son commerce. — Baireuth, plus au N. E., ancienne capitale de la principauté de son nom, et aujourd'hui, du cercle de la *Haute-Franconie*, dont la ville la plus importante est *Bamberg*, plus à l'O., sur le canal qui doit unir le Rhin au Danube, et qui rendra plus commerçante encore cette ville industrieuse, siége d'un archevêché, et autrefois d'un évêché princier de l'Empire. — Wurzbourg, plus au N. O. encore, sur le Main, siége d'un évêché autrefois souverain, et aujourd'hui, capitale du cercle de la *Basse-Franconie*, ville industrieuse et commerçante. — Spire (l'ancienne *Noviomagus*), plus au S. O., près de la rive gauche du Rhin; évêché; ville importante au moyen âge, fut fréquemment la résidence des rois et des empereurs; capitale du cercle du *Palatinat* ou de la *Bavière Rhénane*, où l'on remarque encore : *Landau*, plus au S. O., forteresse très-importante, autrefois à la France, et aujourd'hui, l'une de celles de la Confédération Germanique.

93. XIX, XX, XXI et XXII. — Duchés de Saxe. — Position. — Population. — Religion. — Gouvernement. — Divisions. — Villes principales. — Les possessions de la branche *ducale* de la maison de Saxe sont situées à l'E. de Brunswick et de la Hesse, dans l'ancien duché de Saxe, devenu en grande partie une province prussienne. Elles sont divisées, depuis la fin de 1826, en 4 principautés, composées d'un grand nombre de territoires, séparés les uns des autres et portant les noms suivants; savoir : — XIX. Le grand-duché de Saxe-Weimar, ayant 246,000 habitants en majorité luthériens, et pour villes principales : —

WEIMAR, au centre, capitale et résidence du grand-duc, l'une des villes savantes de l'Allemagne.

IÉNA, au S. E. de Weimar, siége de la cour supérieure de justice des duchés de Saxe, célèbre par son université, et par une grande victoire des Français sur les Prussiens, en 1806.— EISENACH, plus à l'O., ville très-commerçante (9,000 hab.).

XX. Le duché de SAXE-COBOURG-GOTHA, renfermant 140,000 hab., et ayant pour villes principales : COBOURG, au S., sur l'*Itz*, et GOTHA, au N., sur la *Leine*; ville importante par son industrie et ses établissements scientifiques. — XXI. Le duché de SAXE-MEININGEN-HILDBURGHAUSEN-ET-SAALFED, peuplé de 149,000 hab., et ayant pour villes principales : MEININGEN, jolie petite capitale à l'O.; HILDBURGAUSEN, au S. E., et SAALFELD, au N. E.— XXII. Le duché de SAXE-ALTENBOURG, peuplé de 112,000 hab., et ayant pour capitale ALTENBOURG, sur la *Pleiss*, à l'E. de Weimar (12,000 hab.)

Au milieu des duchés de Saxe sont disséminées les 8 principautés suivantes, savoir :

XXIII ET XXIV. Les deux principautés de SCHWARZBOURG, distinguées par les noms de leurs capitales : — RUDOLSTADT, au S. E. de Gotha, remarquable par ses établissements littéraires, avec 4,000 hab. et 66,000 dans la principauté.—SONDERSHAUSEN, beaucoup plus au N. O., jolie ville de 3,600 hab. La principauté en a 56,000.

XXV, XXVI ET XXVII. Les trois principautés de la maison de REUSS, se distinguent par les noms de leurs capitales savoir :— GREITZ, au S. E. d'Iéna, ville industrieuse de 7,000 hab. — SCHLEITZ, plus au S. O., jolie ville de 5,000 hab.—LOBENSTEIN et EBERSDORF, plus au S., ville de 3,000 hab., et bourg de 1,100, donnent ensemble leurs noms à la troisième branche, qui possède en commun avec la seconde la principauté de GERA, plus au N. E., la ville la plus importante des trois principautés; 9,000 hab.

XXVIII, XXIX ET XXX. Les trois principautés de la maison d'ANHALT, distinguées également par les noms de leurs capitales, savoir : — DESSAU, au N. des précédentes, dans la délicieuse vallée de la *Mulde*, non loin de son confluent avec l'Elbe; (10,000 hab.) et 61,000 dans la principauté.—BERNBOURG, plus à l'O; (5,000 hab.), et 47,000 dans la principauté. — KŒTHEN, plus au S. E., sur le chemin de fer de Dresde à Magdebourg, dont un embranchement va à Dessau; (6,000 hab) et 40,000 dans la principauté.

94. XXXI. ROYAUME DE SAXE. — BORNES. — POPULATION. — RELIGIONS. — GOUVERNEMENT. — DIVISIONS. —

VILLES PRINCIPALES. — Le royaume de Saxe (*Sachsen*) dont le souverain, a perdu en 1814, une partie de ses anciennes possessions, est borné au N. et à l'E. par la Prusse, à l'O. par les possessions de la maison ducale de Saxe et des autres principautés précédemment décrites, au S, enfin par la Bohême. — Il contient 1 million 660 mille habitants, dont la grande majorité professe le luthéranisme ; cependant la famille royale et une partie de la population sont catholiques. — Le gouvernement est monarchique et représentatif.

Le royaume est divisé en 5 cercles, dont les villes les plus importantes sont : — DRESDE, sur l'Elbe, qu'on y passe sur un beau pont, capitale du royaume et du cercle de son nom : l'une des villes les plus belles et les mieux situées de l'Allemagne, possédant de beaux édifices et de riches collections scientifiques. Les Français y battirent, en 1813, les armées confédérés (90,000 hab.)

LEIPZIG ou *Leipsick*, au N. O. de Dresde, chef-lieu du cercle de son nom, fameuse par ses trois foires annuelles, consistant surtout en livres, par son université, et par la bataille qui se livra dans ses plaines en 1813 ; patrie de Leibnitz (55,000 hab.). — FREIBERG, plus au S. O., chef-lieu du cercle de son nom, dont les riches mines d'argent fournissent, par an, plus de 15,000 kilogrammes de ce métal, c'est-à-dire près du tiers de ce que donnent toutes les mines de l'Europe réunies. — *Chemnitz*, plus au S. O. encore, dans le même cercle, a d'importantes fabriques de tissus de coton, de laine et de soie.—PLAUEN, au sud du royaume, sur l'*Elster*, affluent de l'Elbe, chef-lieu du cercle du *Voigtland*, petite province habitée par une population très-industrieuse. — BAUTZEN, plus au S. E., près de la *Spree*, célèbre par la victoire que les Français y remportèrent, en 1813, sur les Russes et les Prussiens. Cette ville, très-industrieuse et très-commerçante, est la capitale du cercle de *Lusace*, dans lequel se fabriquent, surtout à *Zittau*, autre ville très-industrieuse, et aux environs, les belles toiles damassées connues sous le nom de *toiles de Saxe*.

95. XXXII, XXXIII, XXXIV, XXXV. — VILLES LIBRES. — POSITION. — POPULATION. — IMPORTANCE. — POSSESSIONS. — Les quatre villes libres de la Confédération Germanique sont :

FRANKFORT-SUR-LE-MAIN, à l'O. de l'Allemagne, enclavée au milieu du grand-duché de Hesse-Darmstadt ; siége de la diète Germanique ; ancienne capitale de la *Franconie* ou France orientale; et en quelque sorte de tout l'empire Germanique, sous les successeurs des princes carlovingiens, avec une magnifique cathédrale où l'on couronnait les empereurs depuis le milieu du treizième siècle, (60,000 hab.), et 65,000 y compris son territoire qui s'étend sur les deux rives du Main.

BRÈME, beaucoup plus au N., sur le Wéser, entre le grand-duché d'Oldenbourg à l'O. et le Hanovre à l'E. ; entrepôt de commerce d'une partie du N. de l'Allemagne, (58,000 hab.), dont 46,000 dans la ville même, et le reste dans son territoire.

HAMBOURG, plus au N. E., sur l'Elbe, entre le Hanovre au S., le Holstein à l'O. et au N., et le Lauenbourg à l'E.; l'une des villes les plus commerçantes de l'Europe ; sa population est d'environ 154,000 habitants, dont 134,000 pour la ville elle-même, qu'un affreux incendie a détruite en partie en 1842 ; elle a pour port *Cuxhaven*, à l'embouchure de l'Elbe.

LUBECK, plus au N. E. encore, sur la *Trave*, à 15 kilomètres de son embouchure dans la Baltique ; une des places de commerce les plus considérables de l'Europe (46,000 habit.), dont 37,000 dans la ville même. — *Travemunde*, située à l'embouchure de la Trave, peut être regardée comme le port de Lubeck.

96. ZOLLWEREIN. — PORTS PRINCIPAUX DE L'ALLEMAGNE. — Depuis quelques années, il s'est établi au N. de l'Allemagne et sous l'influence de la Prusse une *Union des douanes* des divers États ou *Zollverein* qui a pour but de faciliter les relations en diminuant les obstacles apportés au commerce par les nombreuses lignes de douanes que formaient les petits États allemands. Cette Union a déjà produit d'importants résultats.

Les ports de l'Allemagne sont, au Nord, ceux des villes libres *Lubeck* (*Travemunde*), *Brême* et *Hambourg* (*Cuxhaven*), ainsi que ceux de la Prusse (73 et 74). au S., il n'y a que *Trieste* sur l'Adriatique.

§ III. SUISSE OU CONFÉDÉRATION HELVÉTIQUE.

97. SITUATION ET LIMITES. — La Suisse (*Schweizerland*), comprise entre le 45ᵉ degré et le 48ᵉ degré de latitude N. et entre le 3ᵉ degré et le 9ᵉ degré de longitude E., est bornée à l'O. par la France, dont elle est séparée par le Jura, au S. par les États Sardes et le royaume Lombard-Vénitien, à l'E. par l'empire d'Autriche, et au N. par le royaume de Wurtemberg et le grand-duché de Bade.

98. CHAINES DE MONTAGNES (GLACIERS). — La Suisse est

entièrement couverte de montagnes formées par de nombreuses ramifications des deux chaînes des *Alpes* et du *Jura*.—Les premières forment une grande partie de la limite méridionale de la Suisse sous les noms 1° d'*Alpes Pennines*, où se trouvent les sommets du *Grand-Saint-Bernard*, que franchit un passage célèbre par son hospice, situé au point le plus élevé; et ceux du mont *Cervin* et du mont *Rose* (4,636 mètres);—2° d'*Alpes Helvétiques* ou *Lepontiennes*, où se trouvent : le *Simplon*, traversé par l'admirable route que les Français y ont ouverte en 1801 et qui conduit de Suisse en Italie, et le *Saint-Gothard*, voisin du point de partage des eaux qui coulent au N. dans le Rhin, à l'O. dans le Rhône, et au S. dans le Pô.—De ce point aussi part la grande ramification des *Alpes Bernoises*, qui, séparant le bassin du Rhin de celui du Rhône, fait partie de la grande ligne de partage des deux versants Océanique et Méditerranéen, et renferme les hauts sommets du *Finster-Aar-Horn* et de la *Jung-frau* (4,180 m.). — La partie orientale de la Suisse est couverte par les *Alpes Rhétiques* et *Grisonnes* et la partie occidentale par le *Jura*, qui ne présente pas des sommets aussi élevés que ceux que nous venons de nommer.

D'immenses *glaciers*, au nombre de 400 au moins, comblent toutes les hautes vallées de la Suisse et servent de réservoirs aux fleuves qui naissent dans cette contrée : tels sont, au N. O. du Saint-Gothard, entre les monts *Grimsel* et *Furca*, l'immense glacier où le Rhône a sa source, et, plus au S. O, sur la limite de la Suisse et des Etats Sardes, la fameuse *Mer de glace*.

99. VERSANTS, FLEUVES ET LACS PRINCIPAUX. —La Suisse est traversée dans sa partie méridionale par la grande ligne de partage des eaux entre les deux versants Océanique et Méditerranéen : aussi a-t-elle des rivières appartenant à ces deux versants. — Celles qui se trouvent sur le premier sont toutes tributaires du *Rhin*, qui se forme dans la Suisse orientale de la réunion de plusieurs branches sorties de la chaîne des Alpes, va, au N. E. de ce pays, traverser le grand *lac de Constance*, puis, après avoir formé près de Schaffhouse une magnifique cataracte, sert de limite septentrionale à la Suisse, et y reçoit, par sa rive gauche, plusieurs rivières dont les plus remarquables sont : la *Thur* qui arrose le N. E. de la Suisse, l'*Aar*, la plus importante de toutes, qui, née au centre même du pays, porte directement dans le Rhin les eaux des petits *lacs de Brienz* et de *Thun*, et, de plus, par la *Limmat*, l'un des affluents de sa rive droite, les eaux des lacs de *Valdenstadt* et de *Zurich*, par la *Reuss*, autre affluent de sa rive droite, celles du *lac des Quatre-Cantons* des *Waldstetten* ou de *Lucerne* et de celui de *Zug*, et par la *Thièle*, affluent de sa rive gauche, les eaux du grand lac de *Neuchâtel* et de ceux de *Morat* et de *Bienne*. — Toute la partie méridionale et orientale de la

Suisse appartient au versant Méditerranéen; mais elle partage ses eaux entre trois mers différentes. En effet, elle envoie : — 1° dans le golfe du Lion, le *Rhône*, qui a sa source non loin de celle du Rhin, traverse tout le S O. de la Suisse et le grand lac *Leman* ou de *Geneve*, mais sans confondre avec les eaux bleues et pures de ce lac ses eaux troubles et jaunâtres. — 2° La Suisse méridionale envoie dans la mer Adriatique le *Tesin* avec quelques autres affluents du Pô, et des lacs *Majeur* et de *Lugano*, situés en partie eux-mêmes sur le territoire Helvétique, et quelques petites rivières tributaires du grand lac de *Como* et de l'*Adda*. — 3° Enfin l'extrémité orientale de la Suisse appartient au bassin de la mer Noire, à laquelle elle envoie l'*Inn*, l'un des principaux affluents du *Danube*.

100. DIVISIONS POLITIQUES. — CAPITALES (villes principales). — La Confédération Suisse se compose, ainsi que nous l'avons dit, de 22 cantons, subdivisés en 28 États principaux. Le tableau suivant fait connaître le nom de la capitale, ainsi que la superficie et la population de chaque canton.

CANTONS suivant le rang qu'ils occupent dans la Confédération.	CAPITALES	SUPERFICIE en kilomètres carrés	POPULATION
Zurich...	Zurich...	1,773	231,576
Berne...	Berne...	6,629	407,913
Lucerne...	Lucerne...	1,519	124,521
Uri...	Altorf...	1,090	13,519
Schwyz...	Schwyz...	878	40,650
Unterwalden...	Stanz...	670	22,571
Glaris...	Glaris...	723	29,348
Zug...	Zug...	219	15,322
Fribourg...	Fribourg †...	1,282	91,145
Soleure...	Soleure †...	658	63,196
Bale...	Bâle...	477	65,424
Schaffhouse...	Schaffhouse...	295	32,582
Appenzell...	Appenzell...	394	50,876
Saint-Gall...	Saint-Gall...	1,937	158,853
Grisons...	Coire †...	6,646	84,506
Argovie...	Aarau...	1,300	182,755
Turgovie...	Frauenfeld...	696	84,126
Tésin...	Locarno...	2,678	113,923
Vaud...	Lausanne...	3,062	183,582
Valais...	Sion †...	4,300	76,500
Neuchâtel...	Neuchâtel...	723	58,616
Genève...	Genève...	237	58,666
		38,195	2,190,258

Les quatre cantons de SCHWYZ, UNTERWALDEN, BALE et APPENZELL sont subdivisés chacun en deux républiques, savoir : — Schwyz intérieur, capitale *Schwyz*, et Schwyz extérieur, capitale *Kussnacht*. — Haut Unterwalden, au S., capitale *Sarnen*, et Bas Unterwalden, au N., capitale *Stanz*. — Bale-ville, capitale *Bâle*, et Bale campagne, capitale *Liestall*. — Appenzell, Rhodes intérieures, capitale *Appenzell*, et Rhodes extérieures, capitale *Hérisau* et *Tragen*. — Le canton des Grisons est subdivisé en trois *ligues* ou républiques fédératives indépendantes, savoir : la Ligue Grise ou *Supérieure*, à l'O., capitale *Ilanz* ; la Ligue de la Maison de Dieu, ou *Caddee*, au N., capitale *Coire*; et la Ligue des Dix-Droitures ou *Juridictions*, à l'E., cap. *Davos*.

Les principales villes de la Suisse sont : — Bâle, sur le Rhin, qui la divise en deux parties ; c'est la ville la plus grande et la plus commerçante de la Suisse ; elle est jointe avec *Strasbourg* par un chemin de fer. Elle a vu naître Bernouilli, Euler et les deux Holbein, et possède le tombeau d'Érasme (22,000 hab.). — Soleure, au S. O. de Bâle, célèbre par un traité d'alliance qui y fut conclu, pour cinquante ans, entre la France et la Suisse, en 1777. — Berne, au S. de Soleure, sur l'Aar, siége de la diète fédérale, une des plus belles villes de la Suisse, prise par les Français en 1798, après de sanglants combats (23,000 hab.). Une partie de son canton, le plus grand de la Suisse, est couverte de glaciers. On y trouve aussi la belle chute d'eau du *Staubbach*, qui tombe de 263 mètres de haut. — Fribourg, au S O. de Berne ; remarquable par son beau collége ; le canton dont elle est le chef-lieu renferme la petite ville de *Morat*, sur le lac du même nom, célèbre par la sanglante bataille où Charles le Téméraire fut vaincu par les Suisses en 1476. — Lausanne, au S. O. de Fribourg, à peu de distance de la rive septentrionale du lac de Genève. — Genève, au S. O. de Lausanne, sur le lac Léman ou le lac de Genève, capitale de l'ancienne république du même nom. Cette ville, la plus riche et la plus peuplée de la Suisse, fait un grand commerce d'horlogerie, et a donné naissance à plusieurs hommes célèbres (28,000 hab.). — Lucerne, sur le lac du même nom, qui forme la partie occidentale de celui des *Quatre-Cantons* ou des *Waldstetten*, au N. E. de Berne ; grand passage pour l'Italie par le Saint-Gothard. — Zurich, près du lac de son nom, au N. E. de Soleure, dans une belle position, fameuse par une victoire remportée par les Français en 1799 ; remarquable par son université et par son commerce ; patrie de Gessner, de Lavater et du célèbre instituteur Pestalozzi.

Il faut signaler encore Schaffhausen ou *Schaffhouse*, au N. E. de Bâle, sur la rive droite du Rhin, à 2 kilomètres au-dessus de la fameuse cataracte où ce fleuve, large de cent mètres, se précipite de vingt-sept mètres de haut.—Neuchatel, au S. O. de Soleure, sur le lac du même nom ; chef-lieu d'un canton, dont la souveraineté est réclamée par le roi de Prusse.—*Habsbourg*, dans le canton de Berne, berceau de la famille qui gouverne l'Autriche.—Schwyz, à l'E. de Lucerne, qui paraît avoir donné son nom à toute la Suisse ; cette petite ville, où réside depuis 1835 le nonce du pape, est le chef-lieu d'un canton qui a vu naître le fameux Guillaume Tell. On y trouve le défilé et la montagne de *Morgarten*, où les Suisses remportèrent en 1315, sur Léopold d'Autriche, la victoire célèbre qui assura leur liberté.—Altorf, au S. de Schwyz, est remarquable par deux fontaines qui désignent les endroits où étaient placés Guillaume Tell et son fils lorsque ce malheureux père se vit forcé d'abattre d'un coup d'arbalète une pomme placée sur la tête de l'enfant.—Sion, à l'E. de Genève, sur le Rhône, est le chef-lieu du *Valais*, où se trouvent dans les Alpes deux passages indiqués plus haut (98), savoir : vers le N. E. celui du *Simplon*, et au S. O. celui du *Grand-Saint-Bernard*, franchi par l'armée française avec son artillerie en 1800. On rencontre dans ce canton beaucoup d'êtres malheureux, défigurés par des goîtres énormes et auxquels on a donné le nom de *crétins*; ils sont à la fois sourds-muets, et dans un état complet de stupidité qui ferait douter s'ils appartiennent à l'espèce humaine. — Locarno, petite ville située à l'extrémité septentrionale du lac Majeur, l'une des trois capitales du canton du *Tésin*, alterne tous les six ans dans cette dignité avec Lugano, ville un peu plus considérable, située plus au S. E., sur le lac de son nom, et avec Bellinzona, plus au N. sur le Tésin et sur la belle route qui mène en Italie par le Saint-Gothard, et donne quelque importance à son commerce.

101. Gouvernement. — Population. — Religions. — Langues. — La Confédération Suisse est composée de 22 cantons indépendants les uns des autres pour leur administration intérieure, et qui, par suite des subdivisions existantes dans 5 d'entre eux, forment 28 républiques plus ou moins démocratiques. Chaque canton à son gouvernement particulier, et les affaires de la Confédération sont discutées à Berne dans une *diète*, composée d'un député de chaque canton et chargée de la décision de toutes les affaires qui touchent aux intérêts généraux.

La population des 22 cantons s'élève à environ 2 millions

et 200,000 habitants, dont 1 million 300,000 protestants et 900,000 catholiques, répartis entre les divers cantons, de manière que 9 sont entièrement catholiques, 5 protestants et 8 mixtes.

On parle français dans les cantons qui sont voisins de la France, italien dans ceux qui sont au S. des Alpes, et allemand dans tous les autres, selon les races qui ont peuplé ces divers cantons.

QUESTIONNAIRE. — § I. 71. Quelle est la position des États prussiens ? — 72. Quelle est la mer qui baigne ces États, quels golfes forme-t-elle et quelles îles entoure-t-elle ? — 73. Quelles sont les montagnes ? — Quelles rivières arrosent la Prusse ? — 74. En combien de provinces se divisent les États prussiens ? — Quelles sont celles qui font partie de la Confédération Germanique et quelles en sont les villes principales ? — 75. Quelles sont les provinces indépendantes de la Confédération et quelles sont leurs villes principales ? — 76. Quelle est la population et à quelles races appartient-elle ? — Quels sont le gouvernement et la religion ? — 77. Quelles sont les principautés réunies à la Prusse ? — Sur quel État a-t-elle des prétentions ? — 78. Faites connaître l'armée et la marine. — Quel est le revenu du royaume ? — § II. 79. Quelles sont la position et les limites de l'Allemagne ? — 80. Quelles mers baignent l'Allemagne ? — 81. Faites connaître les principales montagnes de l'Allemagne ? — 82. A quelles mers l'Allemagne envoie-t-elle ses eaux ? — Quels sont ses fleuves et rivières ? — Faites connaître ses principaux lacs. — 83. Comment se divise l'Allemagne sous le rapport politique ? — 84. Quelles sont les limites de la Confédération Germanique ? — Faites connaître les populations et les races auxquelles elles appartiennent ? — Quel est le gouvernement ? — 85. Indiquez les principaux États de la Confédération suivant le rang qu'ils occupent dans la Confédération. — 86. Faites connaître les bornes, la religion et le gouvernement, les divisions, les villes principales du royaume de Hanovre. — 87. Décrivez le grand-duché d'Oldenbourg... le duché de Brunswick... les principautés de Lippe et de Waldeck. — 88. Décrivez les duchés de Mecklembourg. — 89. Décrivez la principauté de Hesse-Cassel... le grand-duché de Hesse-Darmstadt... le landgraviat de Hesse-Hombourg... le duché de Nassau... 90. Faites connaître le grand-duché de Bade. — 91-92. Quels sont les bornes, la population, la religion et le gouvernement, les divisions et villes principales du royaume de Wurtemberg ?... de la Bavière ? — 93. Décrivez les duchés de Saxe... les principautés de Schwarzbourg... de Reuss... d'Anhalt. — 94. Faites connaître la géographie du royaume de Saxe. — 95. Faites connaître la situation, la population, l'importance des quatre villes libres. — 96. Qu'est-ce que le Zollverein ? — Quels sont les principaux ports de l'Allemagne ? — § III. 97. Quelles sont la position et les limites de la Suisse ? — 98. Faites connaître les principales chaînes de montagnes. — Où sont situés les glaciers ? — 99. A quels versants appartient la Suisse ? — Quelles en sont les rivières ? — Quels lacs traversent-elles ? — 100. Quelles sont les divisions politiques de la Suisse ? — Faites connaître les 22 cantons avec leurs capitales et les divisions de ceux qui forment plusieurs États. — 101. Quel est le gouvernement ? — Quelles sont la population des principaux cantons et les religions qui y sont pratiquées ? — Quelles langues y sont parlées ?

DEUXIÈME PARTIE.

Empire d'Autriche.

SOMMAIRE.

102. Les États autrichiens sont limités au N. par la Pologne, la Prusse et la Saxe; au N. O. par Bavière; à l'O. par la Suisse et le Piémont, au S. par les duchés de Parme et de Modène, les États de l'Église, la mer Adriatique et la Turquie; à l'E. par la Turquie et la Russie.

103. Ils ne touchent qu'à une seule mer, la mer Adriatique, qui entoure les îles Illyriennes.

104. Les principales montagnes sont : les Alpes, avec leurs ramifications (Alpes Dinariques), les chaînes de la Bohême, les Krapathes.

105. Ils appartiennent à deux versants : l'Océanique, arrosé par l'Elbe, la Moldau et la Vistule. Le Méditerranéen, arrosé par le Pô, le Tésin, l'Adda, l'Adige et la Piave, qui tombent dans l'Adriatique, et par le Danube et ses affluents qui tombent dans la mer Noire.— Les lacs sont : les lacs Balaton et Neusiedel au N.; Garda, Como, Iséo et Majeur au S. O.

106. Les États autrichiens se divisent en : 1° provinces de la Confédération Germanique; 2° provinces qui n'en font pas partie, ou provinces slaves et hongroises ; 3° provinces italiennes.

107. Les premières forment 8 gouvernements, savoir:

108. 1° Basse-Autriche, chef-lieu Vienne, capitale de l'empire ; — 2° Haute-Autriche, chef-lieu Lintz ; — 3° Tirol, chef-lieu Inspruch, — 4° Stirie, capitale Graetz ; — 5° province de Laybach, N. du royaume d'Illyrie, chef-lieu Laybach ; — 6° province de Trente, S. du même royaume, chef-lieu Trieste.

109. 7° La Bohême, divisée en orientale et en occidentale, a 4 millions d'habitants. Capitale Prague.

110. 8° Le gouvernement de Moravie et Silésie, à l'O. du précédent, a 2 millions d'habitants. Cap. Brunn.

111. Il y a 8 provinces qui ne font pas partie de la Confédération, formant 5 gouvernements, savoir :

112. 1° Le gouvernement de Galizie ou Gallicie, au N.-E. de l'Autriche, contient 4 millions et demi d'habitants. Capitale Lemberg. Cracovie y est annexée.

113. 2° Le gouvernement de la Hongrie, avec la Slavonie et la Croatie, a 9 millions et demi d'habitants. Cap., Bude; villes princ. : Pesth, Presbourg.

114. 3° Le gouvernement de Transylvanie, au S. de la Hongrie, a 2 millions d'habitants. Capitale Klausenbourg ; — 4° le gouvernement des limites militaires comprend les frontières S. de la Hongrie et de la Transylvanie.

115. 5° Le gouvernement de Dalmatie avec l'Albanie, au S.-E. de la Croatie, a 360,000 habitants. Capitale Zara.

116. La population de l'empire dépasse 37 millions et demi d'habitants, dont 28 millions de catholiques ; le reste protestant et grec ;

700,000 juifs. — Ils appartiennent aux 4 souches allemande, slave, maggyare et italienne.

117. L'Autriche a pour ports : Trieste, Zara, Raguse, Cattaro, Venise. L'armée est de 405,000 hommes en temps de paix. — La marine compte environ 30 bâtiments de guerre. — Le revenu est de 137,150,000 florins.

102. Position. — Limites. — Les nombreux États qui composent l'empire d'Autriche (*Osterreich-Kaisertum*) sont compris entre le 42° et le 51° degré de latitude N., et entre le 6° et le 25° degré de longitude E. — Ils sont limités au N. par la Pologne, la Prusse et la Saxe, et au N. O. par la Bavière; à l'O., par la Suisse et le Piémont; au S. par les duchés de Parme et de Modène, les États du Pape, la mer Adriatique et la Turquie d'Europe, qui, avec la Russie, les borne aussi à l'E.

103. Mers et Iles. — L'empire d'Autriche ne touche qu'à une seule mer, la *mer Adriatique*, au S. O. de l'Empire.

Toutes les côtes N. E. de la mer Adriatique sont couvertes d'îles extrêmement nombreuses, dites *îles Illyriennes*, et qui appartiennent aussi à l'Autriche. Les principales sont : — Veglia, au N., la plus belle et la mieux peuplée.—Cherso, au S. O. de Veglia; elle est très-longue et abondante en bétail et en miel excellent. — Pago, au S. E. des précédentes.—Brazza, au S. E. de Pago.—Lesina, au S. de Brazza; elle a 210 kilomètres de tour, et renferme une ville du même nom, avec un bon port. — Corzola et Meleda, au S. E. des précédentes.

104. Chaines de Montagnes principales. — Nous avons fait connaître avec quelque détail, en traitant l'Allemagne (n° 81), les principales chaînes de montagnes de l'empire d'Autriche, savoir : — au S. O. celle des *Alpes*, avec ses ramifications, dont l'une se prolonge au S. E., à peu de distance de la côte orientale de l'Adriatique, sous le nom d'*Alpes Dinariques;* — au N. O. les diverses chaînes qui entourent la Bohême; — au N. E. les monts *Krapathes*, qui séparent la Hongrie de la Galizie, et qui vont, par diverses ramifications, rejoindre au S. E. la grande chaîne du *Balkan* ou *Éminéh-Dagh*, dont un des rameaux sépare la Transylvanie des provinces de l'empire Ottoman.

105. Versants, Fleuves et Lacs principaux. — A l'exception de la Bohême, traversée par l'*Elbe* et la *Moldau*, son principal affluent, et de la partie occidentale de la Galizie, où la *Vistule* et quelques-uns de ses affluents ont leurs sources, et qui appartiennent par conséquent l'une et l'autre au versant Océanique, tout le reste de l'empire d'Autriche est placé sur le versant Méditerranéen. — Le Tyrol et les provinces Italiennes sont arrosés par le *Pô* et ses affluents le *Tésin*, l'*Adda*, etc., et par l'*Adige*, la *Piave* et quelques autres petits fleuves, tributaires de la mer Adriatique. — Presque tout le reste de la monarchie autrichienne se trouve compris dans le grand bassin du *Danube* et de ses nombreux affluents, dont nous avons déjà nommé (n° 82) les plus remarquables. — Ajoutons encore que le *Dniestr* et plusieurs de ses affluents ont leurs sources dans la Galizie, dont ils arrosent la partie orientale.

L'Autriche renferme plusieurs lacs, savoir : le lac *Balaton* (*Platten-See*) au centre, qui se verse dans le Danube; le lac *Neusiedel*, qui s'écoule dans le Raab. Au S. O. dans les provinces italiennes, on trouve ceux de *Garda*, d'*Iséo*, de *Côme* et *Majeur*, qui s'écoulent dans le Pô par ses affluents.

106. GRANDES DIVISIONS POLITIQUES. — Les États de l'empereur d'Autriche sont de trois espèces : 1° les provinces qui font partie de la Confédération Germanique; 2° celles qui n'en font pas partie ou provinces Slaves et Hongroises; 3° les possessions d'Italie, que nous ne décrirons qu'en parlant de l'Italie. — Toutes ces possessions forment aujourd'hui 15 gouvernements, dont 8 dans les provinces de la Confédération, 5 dans celles qui n'en font point partie, et 2 dans les provinces italiennes.

107. I. PROVINCES FAISANT PARTIE DE LA CONFÉDÉRATION. — NOMS ET POSITION. — Les provinces de l'empire d'Autriche qui font partie de la Confédération forment 8 gouvernements, savoir : 1° et 2° ceux de la *Basse* et de la *Haute-Autriche*, et 3° celui du *Tirol*, au S. O., 4° celui de *Stirie;* 5° celui de *Laybach*, comprenant la *Carinthie* et la *Carniole;* 6° celui de *Trieste* ou de l'*Istrie autrichienne*, au S., ces deux forment le royaume d'*Illyrie;* 7° le royaume de *Bohême*, au N. O., et 8° le margraviat de *Moravie* et de *Silésie*, au N.

108. GOUVERNEMENTS DE BASSE ET HAUTE-AUTRICHE, DE TIROL, DE STIRIE, DE LAYBACH ET DE TRIESTE. — LEURS VILLES PRINCIPALES. —Ces six gouvernements ont pour villes principales : — VIENNE, sur le Danube, capitale de la *Basse-Autriche* et de tout l'empire ; assiégée inutilement deux fois par les Turcs, et prise par les Français en 1805 et 1809 (Pop., 420,000 hab.)

A peu de distance se trouvent les maisons de plaisance impériales de *Laxembourg* et de *Shœnbrunn*. — *Wagram*, au N. E.

de Vienne, célèbre par une grande victoire des Français en 1809.—LINTZ, sur le Danube, capitale de la *Haute-Autriche*, ville forte (24,000 hab.).—*Salzbourg*, au S. O. de Lintz, archevêché autrefois souverain : patrie de Charlemagne. — INSPRUCK (*Insbruck*), au S. O., sur l'Inn, capitale du *Tirol*. — Trente, au S. O. d'Insbruck, sur l'Adige, fameuse par le concile général qui s'y tint, en 1545, contre les protestants. — GROETZ, au S. O. de Vienne, sur la Muhr; capitale de la *Stirie*; archevêché, avec une citadelle sur un rocher de 230 mètres de haut. — KLAGENFURT, au S. O. de Groetz, près du lac de Wert, capitale de l'ancienne province de *Carinthie*.—LAYBACH, au S. E. de Klagenfurt, remarquable par le congrès de 1820, capitale de l'ancienne province de *Carniole*, et aujourd'hui, d'un gouvernement qui comprend cette province et la précédente, et qui forme la partie septentrionale du *royaume d'Illyrie*, dont cette ville est aussi considérée comme la capitale.—TRIESTE, port de mer sur le golfe du même nom, formé par la mer Adriatique; capitale de l'ancienne *Istrie Autrichienne*, et aujourd'hui, du gouvernement de Trieste, qui comprend la partie méridionale du royaume d'*Illyrie*, le port le plus commerçant de l'empire (70,000 hab.) — *Capo d'Istria*, plus au S., sur un rocher du même golfe, joint à la terre par une chaussée; port fortifié et évêché; ancienne capitale de l'*Istrie Autrichienne*.

109. GOUVERNEMENT DE BOHÊME. — BORNES. — POPULATION.—VILLES PRINCIPALES.—La Bohême (*Bœhmen*), située au N. de l'empire d'Autriche, est entourée complètement par les monts *Bœhmerwald, Erz, Riesen* et *Moraves*; elle est divisée par la *Moldau* en *Orientale* et *Occidentale*; et forme un royaume dont la population dépasse 4 millions d'habitants. — Ses villes principales sont : — PRAGUE, au centre, sur la Moldau, capitale de la Bohême, ville grande et forte, peuplée de 120,000 habitants. Les Français y soutinrent un siége mémorable en 1742.

Reichenberg au N., la seconde ville du royaume par sa population et son industrie (14,000 hab.).—*Toeplitz* et *Karlsbad*, vers la frontière du N. O., possèdent des sources d'eaux thermales renommées.

110. GOUVERNEMENT DE MORAVIE ET DE SILÉSIE. — POSITION. — POPULATION. — VILLES PRINCIPALES. — Le gouvernement de MORAVIE et de SILÉSIE, composé de l'ancien margraviat de Moravie et de la portion de la Silésie qui est restée à l'Autriche, en 1742, après qu'elle en eut cédé la plus grande partie à la Prusse, est situé à l'O. de la Bohême, et renferme près de 2 millions d'habitants. — Ses villes principales sont : — BRUNN, capitale de la *Moravie* et le centre de son commerce, archevêché; elle est défendue par un bon château fort (42,000 hab.). — Au S. E. se trouve la petite ville d'*Austerlitz*, illustrée par une fameuse victoire des Français sur les Autrichiens et les Russes, en 1805. — TROPPAU, au N. E. de Brunn, capitale de la *Silésie Autrichienne* (12,000 hab.).

111. PROVINCES INDÉPENDANTES DE LA CONFÉDÉRATION GERMANIQUE. — NOMS ET POSITION. — GOUVERNEMENTS. — Les provinces de l'empire d'Autriche qui ne font pas partie de la Confédération sont au nombre de 8, formant 5 gouvernements : 1° le royaume ou gouvernement de *Galizie*, avec la *Bukhowine*, au N.; 2° le royaume de *Hongrie*, qui forme avec ceux de *Slavonie* et de *Croatie* un second gouvernement au centre; 3° le gouvernement de *Transylvanie*, à l'E.; et enfin les deux gouvernements; 4° des *Limites militaires* et 5° du royaume de *Dalmatie* avec l'*Albanie*, au S.

112. GOUVERNEMENT DE GALIZIE. — POSITION. — POPULATION. — VILLES PRINCIPALES. — Ce gouvernement, situé au N. E. de l'empire d'Autriche, comprend le royaume de *Galizie* et *Lodomérie*, provinces qui forment la partie méridionale de l'ancienne Pologne, dont l'Autriche s'est emparée en 1772, et la *Bukhowine*, petite province démembrée de la Moldavie. Il contient 5,560,000 habitants, et a pour villes principales : — LÉOPOLD ou LEMBERG, au centre, capitale du royaume, ville grande et commerçante, prise d'assaut par le roi de Suède, Charles XII, en 1704 (60,000 hab.)

La république de CRACOVIE (*Krakow*), du nom de sa capitale, située sur la Vistule, a été supprimée en 1846, et annexée à la Galizie.

113. GOUVERNEMENT DE HONGRIE. — SITUATION. — POPULATION. — VILLES PRINCIPALES. — La HONGRIE (*Ungarn*, allem., et *Magyar-Orszag*, hong.), située à l'E. de l'empire d'Autriche, forme un royaume qui compose, avec ceux de *Slavonie* et de *Croatie*, situés au S. E., un vaste gouvernement, peuplé de plus de 9 millions et demi d'habitants. Ses villes principales sont : — BUDE ou OFEN, sur le Danube, au centre de la Hongrie, dont elle est la capitale ; prise plusieurs fois par les Turcs, qui en sont restés maîtres depuis 1529 jusqu'à 1686 (43,000 hab.).

PESTH, située sur la rive gauche du Danube, en face de Bude, avec laquelle elle communique par un pont de bateaux, est la ville la plus commerçante de la Hongrie, (85,000 hab.). — *Presbourg*, sur le Danube, au N. O. de Bude, à laquelle elle a restitué depuis 1790 le titre de capitale de la Hongrie. — AGRAM, au S. O. de Bude, près de la Save, capitale de la *Croa-*

tie.—Poséga, au S. E. d'Agram, capitale de la *Slavonie*, province à laquelle l'Autriche donne le nom de royaume, quoiqu'elle fasse partie de la Hongrie. — Petervaradin (*Peterwardein*), sur le Danube, l'une des plus fortes places du monde, célèbre par une fameuse bataille que le prince Eugène y gagna, en 1716, contre les Turcs. — Temesvar, plus au N. E. sur le *Témes*, affluent du Danube, ville industrieuse : capitale de la petite province du *Banat* ; (13,000 hab.).

114. Gouvernement de Transylvanie. —Position.— Population.—Villes principales.—La Transylvanie ou la *Grande principauté des Sept-Châteaux*, est située au S. de la Hongrie, et renferme 2 millions d'habitants. Ses villes principales sont :—Klausenbourg, au N. O., capitale du gouvernement et aussi de la principauté. —*Kronstadt*, place forte et la ville la plus importante de la Transylvanie par sa population, sa richesse et son industrie (36,000 hab.).

Gouvernement des limites militaires. — Toutes les frontières méridionales des gouvernements de Hongrie et de Transylvanie forment celui des *Limites militaires*, soumis à une administration particulière, divisé en *généralats* et *régiments*, dans le but de protéger ces frontières contre les Turcs, dont les possessions touchent de ce côté à celles de l'Autriche. Les quatre villes d'*Agram*, *Péterwardein*, *Témesvar* et *Hermannstadt*, sont les résidences des généraux, gouverneurs militaires de ces quatre généralats.

115. Gouvernement de Dalmatie —Position.—Population —Villes principales. — Le gouvernement de Dalmatie est formé du royaume de ce nom, situé au S. E. de celui de Croatie, et comprenant au S. l'*Albanie Autrichienne*, avec une population de 360,000 habitants seulement. — Ses villes principales sont : —Zara, au S. E. de Capo d'Istria, capitale du royaume, quoiqu'elle ne renferme que 6,000 habitants, archevêché.—*Raguse*, au S. E. de Zara, bon port sur l'Adriatique ; capitale de l'ancienne république du même nom, archevêché (16,000 hab.) — *Cattaro*, plus au S. E., autre port fortifié au fond du beau golfe de ce nom, dont l'entrée est fermée par des rochers et nommée *Bouches du Cattaro*.

116. Gouvernement, Religions, Races et Population. — La population du vaste empire d'Autriche dépasse 37 millions et demi d'habitants, dont plus de 28 millions sont catholiques ; le reste se partage entre les Églises protestante et grecque. On y compte aussi environ 700,000 Juifs. Cette population appartient à 4 souches : la souche allemande, à l'O. ; la souche maggyare, à l'E. ; la souche slave au N. E., à l'E. et au S. E., et la souche latine au S. O. — Le gouvernement est une monarchie absolue, malgré les États qui semblent la limiter dans quelques provinces.

117. Ports principaux, Armée, Marine, Revenus.
— Les ports des États autrichiens sont, outre celui de *Trieste*, qui est de beaucoup le plus important, ceux de *Lesina*, *Zara*, *Raguse*, *Cattaro* et *Venise*. (n° 144.)

L'armée, qui constitue la force principale de l'empire d'Autriche, nécessaire pour maintenir en un seul tout ces provinces si distinctes, entre lesquelles il y a souvent une violente animadversion, l'armée monte à 405,000 hommes en temps de paix et à 640,000 hommes en temps de guerre.

La marine militaire se compose d'une trentaine de bâtiments, dont 8 vaisseaux désarmés, 8 frégates et 4 corvettes, plus un grand nombre de bateaux à vapeur et de transports.

Les revenus de la monarchie sont évalués à environ 137,140,000 florins, et la dette était en 1841 de 969,965,000 florins environ.

QUESTIONNAIRE. — 102. Quelles sont la position et les limites des États autrichiens ? — 103. Quelle mer baigne ces États et quelles îles enveloppe-t-elle ? — 104. Quelles sont ses montagnes les plus considérables ? — 105. Combien y a-t-il de versants ? — Quels sont les fleuves de chacun d'eux ? — Quels sont ses lacs principaux ? — 106. Quelles sont les divisions de la monarchie autrichienne ? — 107. Quelles sont les provinces qui font partie de la Confédération Germanique, et combien forment-elles de gouvernements ? — 108. Quelles sont les capitales et les villes principales des gouvernements de Basse et Haute Autriche ? — Quelles sont celles des gouvernements de Tyrol, de Stirie, de Laybach et de Trieste ? — 109-110. Décrivez le gouvernement de Bohême... le gouvernement de Moravie et Silésie. — 111. Quelles sont les provinces indépendantes de la Confédération Germanique, et combien forment-elles de gouvernements ? — 112. Décrivez le gouvernement de Galizie. — 113. Décrivez le royaume de Hongrie. — 114. Décrivez le gouvernement de Transylvanie... le gouvernement des limites militaires. — 115. Décrivez le gouvernement de Dalmatie. — 116. Quelles sont la population et la religion des États autrichiens ? — A quelles souches appartiennent leurs divers peuples ? — Quel est le gouvernement ? — 117. Quels sont les principaux ports de l'Autriche ? — Quelle est la force de l'armée en paix et en guerre ? — Faites connaître la marine. — Quels sont les revenus et la dette de l'empire d'Autriche ?

CHAPITRE SIXIÈME.

TURQUIE D'EUROPE, PRINCIPAUTÉS SLAVES ET ILES IONIENNES.

SOMMAIRE.

Ire PARTIE. TURQUIE D'EUROPE. § Ier. 118. La Turquie occupe le N. de la péninsule turco-grecque ; elle est bornée au N. par la Russie et l'Autriche ; à l'O. par l'Illyrie, la mer Adriatique et la mer Ioxienne; au S. par la Grèce, le détroit des Dardanelles, la mer de Marmara et la mer Noire.

119. Elle est baignée par des mers formées par la Méditerranée : 1° la mer Adriatique, qui forme le golfe de Drin ; 2° la mer Ionienne, unie à la précédente par le canal d'Otrante ; 3° l'Archipel, qui forme les golfes de Salonique, Cassandria, etc., et communique avec la mer de Marmara par le détroit des Dardanelles : celle-ci, par le canal de Constantinople, avec la mer Noire.

120. Les principales îles qui en dépendent sont : Tasso, Samotraki, Imbro, Stalimène, Candie.

121. Elle se divise en 3 versants : 1° celui de la mer Noire, qui reçoit le Danube grossi du Pruth, de la Save, de la Drina, de la Morava, etc.; 2° celui de l'Adriatique, dont les rivières sont le Drin et la Voioussa; 3° le versant de l'Archipel et de la mer de Marmara, dont les fleuves sont : la Salembria, le Vardor, le Strouma et la Maritza. — Les principales montagnes sont : le Balkan, les monts Glouboboun et Nissaya-Gora, et le Despoto-Dagh. — Les principaux lacs sont ceux d'Okrida et de Scutari.

122. Les États se divisent en provinces immédiates et provinces médiates. Les médiates sont : la Moldavie, la Valachie et la Servie. Les immédiates forment 4 eyalets et 24 pachaliks : 1° eyalet de Bosnie, 2° de Roum-Ili, 3° de Silistrie, 4° des Djezaïrs ou des Iles.

123. Les villes principales sont : Constantinople, capitale de l'empire, Andrinople, Varna, Schoumla, Gallipoli, Sophia, Scutari, Salonique, Larisse et Bosna-Seraï.

124. La population est d'environ 15 millions d'habitants, dont plus des deux tiers suivent la religion grecque ; le reste musulmans ; ils appartiennent à 5 races : les Turcs, les Slaves, les Roumains, les Grecs et les Bohémiens. Le gouvernement est une monarchie à peu près absolue, gouvernée par le sultan.

125. Les possessions hors de l'Europe sont : la Turquie d'Asie divisée en 5 parties, et, comme tributaires, quelques États de l'Arabie, l'Égypte, Tripoli et Tunis.

126. Les ports principaux sont : ceux de Constantinople, Varna, Salonique, Candie, Smyrne, Jaffa. — L'armée monte à 400,000 hommes. La marine compte 50 grands bâtiments, dont 20 vaisseaux. Le revenu est d'environ 80 millions.

§ II. 127. Les principautés slaves ou Moldavie, Valachie et Servie, sont placées sous la suzeraineté de la Porte, à laquelle elles paient tribut.

128. La Moldavie, bornée par l'Autriche, la Russie et le Danube, capitale Jassy ; — 2° la Valachie, au S. de la Moldavie et des Karpathes, capitale Bucharest ; — 3° la Servie, au S. O., gouvernée par un prince héréditaire; capitale Semendria, ville principale Belgrade.

II° PARTIE. GRÈCE. 129. La Grèce, avec les îles qui en dépendent, est bornée par la Turquie, par la mer Ionienne, par la Méditerranée et par l'archipel.

130. La mer Ionienne forme les golfes de Patras, de Lépante, de Coron, etc.; elle entoure les caps Gallo, Matapan, etc. — L'archipel forme les golfes de Nauplie, d'Atalanti, et entoure les caps Colomna, Doro, etc.

131. Les principales îles sont : 1° Négrepont; 2° les petites, au N. E.; Skiato, Scopélo, Sarakino, etc.; 3° les Cyclades, Andro, Tino, Syra,

Naxia, Paro, Santorin, Milo, etc.; 4° Colouri, Engia, Poros, Hydra, Spetzia, sur les côtes de la Morée.

132. Le territoire est divisé, par le golfe de Patras et de Lépante, en deux parties, qui se touchent par l'isthme de Corinthe. Le N. est partagé par les chaînes du Pinde et du Parnasse, en trois bassins : 1° de la mer Ionienne, qui reçoit l'Aspro-Potamo; 2° du golfe de Lépante; 3° du golfe d'Atalanti, où est l'Asopo et le lac Topolias. — La seconde partie est la Morée, qui est partagée en 4 versants, dont les fleuves principaux sont : le Vasili-Potamo et le Rouphia.

133. La Grèce se partage en 3 parties : la Livadie au N., la Morée au S. et les îles. Elle est divisée en 10 nomarchies et 19 éparchies. Les villes principales sont : Athènes, capitale du royaume, Lépante, Corinthe, Nauplie, Patras.

134. La population est d'environ un million d'habit., professant la religion grecque. Le gouvernement est une monarchie représentative.

IIIe Partie. Iles Ioniennes. 135. Situées sur la côte occidentale de la Grèce, elles sont sous le protectorat de l'Angleterre. Ces 7 îles sont : Cérigo, Zante, Céphalonie, Théaki, Sainte-Maure, Paxo, Corfou, avec une capitale du même nom.

PREMIÈRE PARTIE.

Turquie d'Europe.

§ Ier. TURQUIE.

118. SITUATION. — LIMITES. — La Turquie (*Islam*) d'Europe est renfermée entre les 39e et 46e degrés de latitude N., et les 13e et 27e degrés de longitude E., non compris la grande île de *Crète*, située sous le 35e degré de latitude N., et entre les 21e et 24e de longitude E. — La Turquie d'Europe occupe presque toute la partie septentrionale de la grande péninsule orientale de l'Europe appelée péninsule *Turco-Grecque*. — Cet empire est borné au N. par la Russie et l'Autriche; à l'O., par le royaume d'Illyrie, la mer Adriatique, le canal d'Otrante et la mer Ionienne; au S., par la Grèce, le détroit des Dardanelles et la mer de Marmara; et à l'E., par le canal de Constantinople et la mer Noire. — Outre l'île de *Candie* toutes les *îles du Nord de l'Archipel* appartiennent aussi à la Turquie d'Europe.

119. MERS. — GOLFES ET DÉTROITS. — CAPS. — La Turquie est baignée par 4 mers, qui toutes sont formées par la Méditerranée. Ce sont : la mer Adriatique à l'O., qui forme le golfe de *Drin*; la mer Ionienne, unie à la précédente par le canal d'Otrante, la mer de l'Archipel, au S., qui forme les golfes de *Salonique*, de *Cassandria*, de *Monte-Santo*, d'*Orphano* et de *Saros*, et qui communique avec la mer de Marmara, également au S., par le détroit des

Dardanelles; celle-ci communique par le *canal de Constantinople*, avec la mer Noire qui baigne les côtes E. de l'empire, où elle forme le golfe de *Bourgas*. — Les côtes sont découpées, et présentent de nombreux caps, dont les principaux sont dans la mer Noire, les caps *Kalakia* et *Aïnada;* dans l'Archipel, les caps *Cremia*, *Monte-Santo*, *Cassandria;* et dans la mer Adriatique, les caps *Laghi* et *Linguetta*.

120. Iles qui dépendent de la Turquie d'Europe. — Les îles qui dépendent de la Turquie d'Europe sont :

1° Au N. de l'Archipel : Tasso (ancienne Thasos); — Samotraki ; — Imbro ; — Stalimene ou Lemnos, la plus grande des quatre.

2° Au S. de l'Archipel, la grande île de Candie (ancienne Crète), d'environ 900 kilomètres de tour, et peuplée de 240,000 hab. Cette île, la plus grande de l'ancienne Grèce, appartient, depuis 1669, aux Turcs, qui l'ont divisée en trois pachalicks, dont les capitales sont : Candie, port fortifié, sur la côte septentrionale, archevêché grec et la principale ville de l'île, (15,000 hab.); — Retimo, à l'O. de Candie; — La Canee, à l'O. de Rétimo, ports munis de quelques fortifications. *Spachia* ou *Sphakie*, port situé sur la côte méridionale, a des habitants qui se livrent au commerce et à la piraterie. Ils sont indépendants des Turcs, ainsi que les *Abdiotes* qui habitent au S. E. et qui sont un reste des Sarrasins.

121. Versants et chaînes de montagnes. — Fleuves. — La Turquie d'Europe se partage naturellement entre trois grands bassins maritimes, savoir :

1° Celui de la *mer Noire*, qui reçoit le *Danube*, grossi de toutes les eaux de la Turquie septentrionale qu'il traverse de l'O. à l'E.; il y reçoit, par sa rive gauche, l'*Alt* ou *Alouta*, le *Sereth* et le *Pruth*, qui forme la limite N. E. de l'Empire, et, par sa rive droite, la *Save*, grossie de l'*Ounna*, de la *Verbitza*, de la *Bosna* et de la *Drina;* — la *Morava*, l'*Isker*, le *Vid* et une foule d'autres rivières moins considérables sur l'une et l'autre rive; —2° le bassin de la mer *Adriatique*, à l'O., dont les rivières les plus considérables sont le *Drin* et la *Voïoussa* ; —3° enfin le bassin de l'*Archipel* et de la *mer de Marmara*, au S. E., dont les fleuves les plus considérables sont la *Salembria*, le *Vardar*, le *Strouma* et la *Maritza*.

Le bassin du Danube, et par conséquent de la mer Noire, est séparé de celui de l'Archipel et de la mer de Marmara, par la grande chaîne du mont *Balkan* ou *Emineh-Dagh*, terminé par les monts *Argentaro* et *Kara-Dagh*, et de celui de la mer Adriatique par les monts *Gloubotoun* et *Nissaya-Gora*, qui rattachent la chaîne du Balkan à celle des Alpes. — La chaîne du *Pinde* ou *Mezzovo* sépare les versants de la mer Ionnienne et de l'Archipel.—Le *Despoto-Dagh* (ancien Rodope), rameau du Balkan, sépare les bassins du Strouma et de la Maritza.

Les principaux lacs sont : au pied des monts Gloubotoun, le lac d'*Okrida*, et près de la côte, plus au N., le lac de *Scutari*.

122. Divisions politiques et administratives. — Les États soumis au sultan en Europe sont de deux espèces : les provinces *immédiates* et les provinces *médiates*. Ces dernières, qui forment des États plutôt tributaires que sujets de la Porte Ottomane, sont au nombre de 3, savoir : la *Moldavie* et la *Valaquie* ou *Valachie*, situées au N. du Danube et de l'Empire, et la *Servie*, sur la rive droite du Danube. Ces provinces ont reçu le nom de principautés slaves (elles seront décrites au n° 127). — Les provinces immédiates sont divisées en 4 grands gouvernements ou *eyalets*, subdivisés en 24 *pachaliks*. Ces 4 eyalets sont : 1° celui de *Bosnie*, comprenant la partie de la *Croatie* qui appartient à la Turquie; 2° l'eyalet de Romélie (*Roum-Ili* pays des Romains) au centre, comprenant l'*Albanie* et les anciennes contrées célèbres sous les noms de Thessalie, Macédoine et Thrace ; 3° l'eyalet de *Silistrie*, sur les rivages de mer Noire ; 4° enfin l'eyalet des *Djézaïrs* ou des Iles, qui, outre les îles répandues dans le N. et l'E. et l'Archipel, comprend aussi une partie du littoral de cette même mer et de celle de Marmara. — L'île de *Candie*, au S. de l'Archipel, forme un gouvernement particulier.

123. Villes principales. — Les villes principales de la Turquie sont :

Dans l'eyalet de Silistrie: CONSTANTINOPLE (*Stamboul*), sur le détroit de son nom, fondée par Constantin, dans la position la plus belle et la plus avantageuse de l'univers, avec un port immense nommé *la Corne d'Or*; prise, en 1453, par Mahomet II, qui en fit la capitale de son empire. (800,000 habitants.) — Andrinople, au N. O. de Constantinople, sur la Maritza; elle a été le séjour des sultans; 110,000 habitants. — *Varna*, bon port sur la côte occidentale de la mer Noire, célèbre par la bataille qu'y gagna, en 1444, le sultan Amurath II.—*Schoumla*, à l'O. de Varna, au pied d'une petite chaîne qui se rattache aux monts Balkans; ville très-forte. — *Silistrie*, sur le Danube, ville forte qui résista énergiquement aux Russes, lesquels en firent en vain le siége en 1854.

Dans l'eyalet des îles : Gallipoli, port dans la Péninsule et sur le détroit des Dardanelles, ville industrieuse et commerçante; (60,000 hab.) — *Rodosto*, archevêché grec, sur la mer de Marmara.

Dans l'eyalet de Roum-Ili : *Vidin* et *Routschouk*, places fortes sur le Danube — SOPHIA, capitale de la *Bulgarie* et résidence du beglerbeg ou gouverneur général des provinces centrales de la Turquie d'Europe.—*Scutari* (Scodra), au S., sur le lac du même nom ; grande ville, capitale de l'*Albanie* ; résidence du pacha et d'un évêque catholique romain. — SALONIQUE au S. O., sur le golfe de ce nom ; ville considérable et très-commerçante ; (50,000 hab.). — *Larisse*, sur la Salembria, au S. ; entrepôt des provinces méridionales, archevêché grec; (30,000 hab.) — *Ianina*, au N. O., dans une île au bord d'un lac, devenue célèbre par la domination et la mort du fameux pacha Ali.

Dans l'eyalet de Bosnie : BOSNA-SERAI, ou *Serajevo*, ville grande, industrieuse et bien peuplée (70,000 hab.); capitale de l'eyalet, dont toutefois le pacha réside à *Travnick*, petite ville forte, située plus au N. O.

124. POPULATION. — RACES. — RELIGIONS. — GOUVERNEMENT. — La population de la Turquie d'Europe est estimée à près de 15 millions d'habitants, dont les deux tiers environ sont Grecs et suivent la religion grecque ; le reste se compose, pour la plus grande partie, de Turcs qui sont mahométans de la secte d'Omar. Cette population appartient à 5 races principales : 1° les *Turcs*, 2° les *Slaves*, au N., 3° les *Roumains*, 4° les *Albanais* et les *Grecs* ; enfin, 5° un grand nombre de *Bohémiens* ou *Zigueunes*. — Le gouvernement de l'Empire Ottoman, nommé souvent *la Porte Ottomane ou la Sublime Porte*, est une monarchie faiblement tempérée par une assemblée législative nommée par le *sultan*, chef du pouvoir, que l'on nomme quelquefois aussi *le Grand Turc* ou *le Grand Seigneur*.

125. POSSESSIONS HORS DE L'EUROPE. — Hors de l'Europe, la Turquie possède des provinces en Asie et en Afrique ; les provinces d'Asie soumises immédiatement, sont 1° l'*Asie Mineure*, cap. SMYRNE; 2° l'*Arménie Turque*, cap. ERZEROUM ; 3° le *Kurdistan*, cap. MOSSOUL; 4° l'*Al-Djezireh*, ou l'Irak-Arabi, villes principales : *Diarbekir* et *Bagdad*; 5° la *Syrie* et la *Palestine*, villes principales *Alep*, *Damas* et *Jérusalem*. — Quelques petits États situés en *Arabie* ne sont que tributaires. Les provinces d'Afrique ne sont également que tributaires de l'empire ottoman ; ce sont : 1° l'*Égypte*, gouvernée par un vice-roi ; 2° la *régence de Tripoli*, gouvernée par un pacha; et 3° la *régence de Tunis*, gouvernée par un bey.

126. PORTS PRINCIPAUX. — ARMÉE. — MARINE. — REVENU. — Les ports principaux de la Turquie sont : ceux de *Varna*, *Constantinople*, *Gallipoli*, *Salonique* (Turquie),

Candie, *la Canée* (Candie), *Smyrne*, *Trébizonde* (Asie Mineure), *Beyrouth*, *Jaffa* (Syrie). — L'armée se compose de troupes régulières, *Nizam* et *Redif*, et de troupes irrégulières. Elle est forte d'environ 400,000 hommes et peut être beaucoup augmentée en cas de guerre. — La marine, qui depuis ces derniers temps a reçu un développement assez considérable, se compose de près de 50 bâtiments de haut bord, dont 20 vaisseaux, et d'un assez grand nombre de bâtiments à vapeur et de transports. — Le revenu de l'empire peut être évalué à 80 millions.

§ II. PRINCIPAUTÉS SLAVES.

127. SITUATION POLITIQUE DES PRINCIPAUTÉS SLAVES. — Les principautés slaves, au nombre de trois : Moldavie, Valachie, Servie, étrangères à la Turquie par la religion et les mœurs, sont placées sous sa suzeraineté plutôt que sous sa domination. Leur dépendance se borne à peu près au payement d'un tribut et à l'investiture du gouverneur ou *hospodar* dans deux d'entre elles (Moldavie et Valachie) (1).

128. DESCRIPTION DES PRINCIPAUTÉS SLAVES. 1° La MOLDAVIE, au N. bornée par l'Autriche et la Russie, et au S. E. par le Danube.

JASSY, capitale à l'E. ; siége du gouvernement et d'un archevêché grec (50,000 hab.). — *Galatz*, au S. E., est un port fréquenté sur le Danube.

2° La VALACHIE, au S. de la Moldavie et des monts Karpathes, bornée au S. et à l'E. par le Danube.

BUKHAREST (*Boukouresti*), au S. O. de Jassy ; archevêché grec, ville grande, commerçante, mais malsaine (130,000 habitants).

3° La SERVIE, au S. O. de la Valachie, s'étend du Danube au mont Argentaro. Elle est gouvernée par un prince héréditaire, tributaire de la Turquie, mais du reste entièrement indépendant.

SEMENDRIA (*Smederewo*), sur le Danube, résidence du prince et du sénat. — *Belgrade* est la ville la plus importante, place très-forte au confluent de la Save et du Danube (30,000 hab.).

---

(1) Un congrès réuni à Paris, au moment où nous écrivons ces lignes (avril 1856), prépare une nouvelle organisation pour ces contrées.

DEUXIÈME PARTIE.
Grèce.

129. SITUATION ET LIMITES. — Le royaume de Grèce (*Hellas*), avec les nombreuses îles qui en dépendent, est compris entre les 36° et 40° degrés de latitude N., et entre les 18° et 24° degrés de longitude E. — Cette contrée, qui en 1827 s'est soustraite au joug des Turcs par une lutte héroïque et sanglante, est bornée au N. par la Turquie, à l'O. par la mer Ionienne, au S. par la Méditerranée, et à l'E. par l'Archipel. — Elle a environ 260 kilomètres de long du N. au S., et 250 dans sa plus grande largeur de l'O. à l'E.

130. MERS. — La Grèce est baignée à l'O. par la mer Ionienne qui forme les golfes de Patras, de Lépante, de Kyparissa, de Coron et de Marathonisi, et où s'avancent les caps Gallo, Matapan et Malia; à l'E. par la mer de l'Archipel qui forme les golfes de Nauplie, d'Égine et d'Atalanti, et qui entoure les caps de Colonna, Doro, Kitias, etc.

131. ILES QUI DÉPENDENT DE LA GRÈCE. — Les îles qui dépendent de la Grèce sont : 1° La grande île de NÉGREPONT, sur la côte orientale de la Livadie, dont elle est séparée par le détroit de Négrepont (ancien Euripe), célèbre par la singularité de son flux et de son reflux, et traversé dans son point le plus resserré par un pont de 17 mètres. L'île a environ 500 kilomètres de circuit; elle forme la nomarchie d'*Eubée*, chef-lieu KHALKIS, nommée aussi *Egribos* ou *Négrepont*, sur le détroit; ville forte, considérée comme l'une des clefs de la Grèce. — 2° Les petites îles situées au N. E. de Nègrepont, dont les principales sont : — SKIATO, qui possède une bonne rade ; SCOPELO et SARAKINO, dont les vins sont estimés ; — CHELIDROMIA et PELAGNISI, au N. E. ; — SKIRO (ancienne Scyros), au S. E., riche en beaux marbres. — 3° Les CYCLADES, ainsi appelées (de χυχλος en grec *cercle*), par les Anciens, qui les croyaient rangées en rond autour de l'île de DELOS, aujourd'hui SDILI, célèbre par le culte d'Apollon; elles occupent tout le sud de l'Archipel. Les plus remarquables sont : ANDRO (Andros), à la pointe S. E. de Nègrepont ; — TINO (Tenos), au S. E., très-bien cultivée et produisant beaucoup de soie ; — MYCONI (Myconos) ; — SYRA (Syros), qui renferme la ville d'*Hermopolis* fondée depuis quelques années seulement, mais que son commerce a déjà rendue une des plus importantes de la Grèce ; — NAXIA (Naxos), au S. E., la plus considérable des Cyclades ; — (PAROS), à l'O. ; — AMORGO (Amorgos), au S. E. ; — SANTORIN (Thera), au S. ; — MILO (Melos), à l'O., possède un des meilleurs ports de la Méditerranée ; ces îles ont des capitales qui portent les mêmes noms.

— 4° Les îles situées sur la côte de la Morée, savoir : COLOURI (ancienne Salamine). — ENGIA (ancienne Egine). — POROS, qui doit à la beauté et à la commodité de son port d'avoir été choisi pour l'établissement des chantiers de la marine royale. — HYDRA (Hydrea), dont les habitants, les plus habiles marins de l'Archipel, se sont montrés les ennemis les plus redoutables des TURCS, dans la guerre que leur ont faite les Grecs pour se soustraire à leur domination. Sa capitale, qui porte le même nom, est une des villes les plus jolies et les plus peuplées de la Grece et possède des chantiers de construction très-considérables.—SPETZIA, à l'entrée du golfe de Nauplie, avec une capitale du même nom, qui possède une importante marine marchande.

132. CHAINES DE MONTAGNES PRINCIPALES.—FLEUVES PRINCIPAUX.—Le territoire continental de la Grèce se compose de deux presqu'îles séparées entre elles par le golfe de *Patras et de Lépante*, et réunies l'une à l'autre par *l'isthme de Corinthe* ou *d'Hexamili*.—La première de ces péninsules, formée de la partie méridionale de la grande péninsule Turco-Grecque, est partagée par les chaînes de montagnes du *Pinde* et du *Parnasse* en trois petits bassins maritimes, savoir: celui de la *mer Ionienne*, dans laquelle se jette l'*Aspro-Potamo* (ancien *Acheloüs*; celui du *golfe de Patras et de Lépante*, qui n'a pas de fleuves importants; — enfin celui du golfe d'*Atalanti*, dont l'*Asopo* est le fleuve le plus considérable.—A ce dernier bassin, qui renferme le lac *Topolias* (ancien *Copais*), se rattache la célèbre péninsule de l'*Attique*, terminée au S. par le cap *Colonna*.

La seconde péninsule de la Grèce est la *Morée*. Les montagnes peu élevées qui la couvrent et dont les noms modernes ont bien moins de célébrité que les anciens, la partagent en quatre versants : — ceux 1° du *golfe de Lépante*, au N., et 2° des *golfes d'Egine* et *de Nauplie*, à l'E., qui n'ont pas de fleuves importants, et 3°, 4° les deux versants de la mer Ionienne, l'un incliné au S., dont le fleuve principal, le *Vasili Potamo* (ancien *Eurotas*), tombe dans le golfe de *Marathonisi*, et l'autre, incliné à l'O., qui ne renferme que le *Rouphia* (ancien *Alphee*).

133. DIVISIONS NATURELLES ET ADMINISTRATIVES.— La Grèce se divise naturellement en trois parties, savoir : la *Livadie*, au N. du golfe de Corinthe et à l'E. de celui d'Athènes ; la presqu'île de *Morée*, au S. du golfe de Corinthe, et les *Iles* répandues le long des côtes orientales de la Grèce. — Sous le rapport politique la Grèce est divisée en 10 *nomarchies* et 19 *éparchies*.

VILLES ET PORTS PRINCIPAUX. — Les principales villes de la Grèce sont : — ATHÈNES, dans une péninsule, séparée de la Morée par le golfe qui porte son nom ; capitale de la nomarchie d'*Attique et Béotie* et de tout le royaume de Grèce. Elle a dû cette distinction à son ancienne célébrité et aux monuments de l'antiquité qu'elle conserve encore, parmi lesquels on distingue surtout les restes du *Parthénon* ou temple de Minerve, bâti sur le rocher élevé qui sert de citadelle, et que l'on nomme encore aujourd'hui l'*Acropolis*. Cette ville, où la France possède depuis l'année 1846 un établissement d'instruction publique, compte environ 40 mille habitants. — Le *Piré*, comme autrefois, sert de port à Athènes.

LÉPANTE, ville très-forte, sur le golfe du même nom, à l'entrée duquel don Juan d'Autriche remporta, en 1571, la fameuse victoire navale qui arrêta les progrès des Turcs en Europe. — A peu de distance vers l'O., à l'extrémité d'une langue de terre qui s'avance dans le golfe, se trouve *Missolonghi*, fameuse par la défense héroïque de ses habitants contre les Turcs, en 1826. —CORINTHE, dans la Morée, à l'entrée de l'isthme auquel elle a donné son nom. — TRIPOLITZA, à peu près au centre de la Morée, non loin des ruines de *Mantinée*, capitale de la nomarchie d'*Arcadie*. — NAUPLIE OU NAPOLI DE ROMANIE, au N. E. de Tripolitza, ville très-forte avec un bon port, fut pendant plusieurs années le siége du gouvernement grec, capitale de la nomarchie d'*Argolide*, dans laquelle on trouve, un peu plus au N. O., *Argos*, célèbre dans l'histoire de l'ancienne Grèce. — PATRAS, port très-commerçant sur le golfe auquel il donne son nom, capitale de la nomarchie d'*Achaïe*. — NAVARIN (près de l'ancienne Pylos), au S. O., port devenu célèbre par la destruction de la marine turque, en 1827, opérée par les flottes française, anglaise et russe réunies. — SPARTA, ville nouvelle récemment élevée sur les ruines de l'ancienne Sparte, capitale de la nomarchie de *Laconie*.

134. GOUVERNEMENT. — POPULATION. — RELIGION. — La population de la Grèce, cruellement décimée par les malheurs de la guerre, ne s'élève qu'à environ 1 million d'habitants professant la religion grecque, dont une des branches est réunie à l'église catholique. — Le gouvernement de la Grèce, après avoir varié plusieurs fois depuis que ce pays a recouvré son indépendance, est devenu, au commencement de l'année 1832, une monarchie héréditaire, sous la souveraineté du roi Othon, fils du roi de Bavière ; une constitution proclamée en 1844 y a établi le gouvernement représentatif avec un sénat et une chambre des députés.

TROISIÈME PARTIE.

Iles Ioniennes.

135. DESCRIPTION DES ILES IONIENNES. — Les îles Ioniennes, formaient autrefois la République des *Sept-Iles*, situées sur la côte occidentale de la Grèce. — Après avoir successivement appartenu aux Vénitiens, aux Turcs, aux Russes et aux Français, elles forment aujourd'hui un État soumis au protectorat de l'Angleterre. — Ces sept îles sont : — CÉRIGO (ancienne Cythère), au S. de la Morée ; ZANTE, à l'O. de la Morée ; elle a environ 130 kilomètres de tour, et 45 mille habitants ; CÉPHALONIE, au N. O. de Zante ; environ 260 kilomètres de circuit et 60 mille habitants ; — THÉAKI (ancienne Ithaque), au N. E. de Céphalonie ; — SAINTE-MAURE, au N. des précédentes ; — PAXO (Paxos), très-petite, au N. O. de la précédente ; chef-lieu, *Porto-Gago* ; — CORFOU, au N. O. ; elle a environ 180 kilomètres de circuit et 60 mille habitants. Toutes ces îles, à l'exception de Paxo, ont des capitales qui portent les mêmes noms. *Corfou*, la plus importante de toutes par sa population de 20,000 habitants, par son commerce et par ses importantes fortifications, est la capitale de la république et le siége d'un archevêque catholique et d'un métropolitain grec.

QUESTIONNAIRE. — 1re Partie. TURQUIE. § I. 118. Quelles sont la position et les limites de la Turquie d'Europe ? — 119. Quelles sont les mers qui la baignent ? — Indiquez les principaux golfes. — 120. Quelles sont les îles qui en dépendent ? — 121. En combien de bassins est partagée la Turquie ? — Quels sont les fleuves de chaque bassin ? — Quelles montagnes les séparent ? — Quels sont ses principaux lacs ? — 122. Comment se divisent les États Turcs ? — Comment sont partagées les provinces immédiates ? — 123. Quelles sont les villes principales ? — 124. Quelle est la population de l'Empire et à quelles races appartient-elle ? — Quels sont la religion et le gouvernement ? — 125. Faites connaître les possessions turques en Asie... en Afrique ? — 126. Comment se compose l'armée ? — Faites connaître la marine. — Quel est le revenu de l'État ? — § II. 127. Quelle est la situation des principautés slaves ? — 128. Quelles sont les principautés slaves ? — Quel est leur gouvernement ? — Quelles sont leurs villes principales ? — 2me Partie. GRÈCE. 129. Quelles sont les limites et la position de la Grèce ? — 130. Quelles sont les mers qui la baignent ? — 131. Quelle est la grande île qui dépend de la Grèce ? — Quelles sont les petites ? — 132. Quelles presqu'îles forment le territoire continental de la Grèce ? — Quels en sont les fleuves principaux ? — Quelle est la seconde péninsule ? — Quels sont les principaux fleuves ? — 133. Quelles sont les divisions naturelles et les divisions politiques ? — Indiquez les villes principales et les ports. — 134. Quelle est la population ? — Quelle est la religion ? — Faites connaître le gouvernement. — 3me Partie. ILES IONIENNES. 135. Où sont situées les Iles Ioniennes ? — A qui appartiennent-elles ? — Quelles sont-elles ? — Quelle est leur capitale ?

CHAPITRE SEPTIÈME.

ITALIE. — ESPAGNE ET PORTUGAL.

SOMMAIRE.

136. § I*er*. ITALIE. L'Italie est entourée par les mers Méditerranée, Ionienne et Adriatique, et par la chaîne des Alpes et le Var.

137. Les Alpes ont les noms d'Alpes Maritimes, Cottiennes, Grecques, Pennines, Lépontiennes, Rhétiques, Carniques et Dinariques. Les Apennins se détachent des Alpes et traversent l'Italie. Elle renferme les volcans du Vésuve et de l'Etna.

138. L'Italie est partagée en trois versants : celui de la mer Méditerranée, où sont les îles de Sardaigne, d'Elbe, Lipari et de Sicile; celui de l'Adriatique, et celui du golfe de Tarente formé par la mer Ionienne unie à la mer Tyrrhénienne par le détroit de Messine. — Les principaux fleuves sont le Tibre, l'Arno, l'Ombrone, le Teverone, le Garigliano, le Pô, qui reçoit la Doria-Riparia, la Doria-Baltea, la Sésia, le Tésin, l'Adda, l'Oglio, le Mincio, le Tanaro, la Trébia et le Reno; puis l'Adige, la Piave et le Tagliamento; la Pescara, le Sangro et l'Ofanto; enfin le Brandano et le Bisiento.

139. La population s'élève à plus de 23 millions et demi avec les îles.

140. Elle se divise en 9 États : 4 au N. : royaume de Sardaigne et royaume Lombard-Vénitien, duché de Parme et Plaisance et duché de Modène; 3 dans le centre : États du Pape, grand-duché de Toscane, république de Saint-Marin; 2 au S. : royaume des Deux-Siciles et groupe de Malte.

141. Le royaume de Sardaigne comprend l'île de ce nom, et sur le continent, il est borné par la Suisse, la France, la Méditerranée, le duché de Parme et le royaume Lombard-Vénitien. La population est de près de 5 millions d'habitants, catholiques. Le gouvernement est représentatif.

142. Il comprend l'île de Sardaigne, la Savoie, le Piémont, le Montferrat, le Milanais sarde, le comté de Nice avec la principauté de Monaco et le duché de Gênes. Il se divise : 1° en États de terre ferme, partagés en 11 divisions subdivisées en 39 provinces; 2° l'île de Sardaigne, partagée en 3 divisions subdivisées en 11 provinces. Les principales villes sont : Turin, capitale du royaume; Chambéry, Gênes et Cagliari.

143. Le royaume Lombard-Vénitien est borné par l'Autriche, la Suisse, les États Sardes, les duchés de Parme, de Modène, les États du Pape, le golfe de Venise et l'Illyrie. La population est de 5 millions d'habitants. Le gouvernement est absolu sous un vice-roi nommé par l'Autriche.

144. Il se compose de la Valteline, du Milanais, du duché de Mantoue et de la république de Venise. Il est divisé en 2 gouvernements : 1° celui de Milan, partagé en 9 délégations; 2° celui de Venise qui

en comprend 8. Les villes principales sont : Milan, capitale ; Pavie, Mantoue, Vérone, Padoue et Venise.

145. Les duchés de Parme et Plaisance, au S. du Milanais, ont 460,000 hab., catholiques. Le gouvernement est absolu. Capitale, Parme ; ville principale, Plaisance.—Le duché de Modène, au S.-E. du précédent, compte 450,000 hab., catholiques, avec un gouvernement absolu, capitale, Modène.— Le grand-duché de Toscane, entre la Méditerranée et l'Apennin, renferme 1 million et demi d'habitants catholiques, avec un gouvernement absolu. Capitale, Florence; villes principales : Pise, Livourne et Lucques. Il possède l'île d'Elbe.

146. Les États de l'Église bornés par le royaume Lombard-Vénitien, par les duchés de Modène et de Toscane, la Méditerranée, le royaume de Naples et l'Adriatique. Population : 3 millions d'habitants catholiques. Gouvernement tempéré par une assemblée. Ils se divisent en 21 provinces ou délégations portant les noms de leurs chefs-lieux.— Les principales villes sont : Rome, capitale; Civita-Vecchia, Ferrare, Bologne, Ravenne et Ancône avec Bénévent et Ponte-Corvo dans le royaume de Naples.—La république de Saint-Marin est enclavée dans les États de l'Église.

147. Le royaume des Deux-Siciles, composé du sud de l'Italie et de la Sicile, et borné au N. par les États de l'Église, a plus de 8 millions et demi d'hab. catholiques, dont 2 millions 600,000 en Sicile. Le gouvernement est absolu.

148. La partie continentale est partagée en 4 provinces : Abruzzes, Terre de Labour, Pouille et Calabre, subdivisées en 15 autres. Naples, capitale.

149. La Sicile, séparée par le détroit de Messine, se divise en trois vallées et 7 provinces. — Villes principales : Palerme, capitale ; Messine, Siragosa (Syracuse), Catane, Girgenti. Les autres îles sont les Lipari, Caprée et Ischia.

150. Malte, au S. de la Sicile, appartient aux Anglais. La Valette est sa capitale.

151. § II. L'Espagne est bornée par les Pyrénées et le golfe de Biscaye, par l'Atlantique et le Portugal, le détroit de Gibraltar et la Méditerranée.

152. La péninsule est partagée en 2 versants, Océanique et Méditerranéen. Les principaux fleuves sont le Minho, le Douro, la Guadiana, le Guadalquivir, l'Èbre, le Xucar et la Segura. Les montagnes principales sont : les monts Cantabriques, la chaîne Ibérique, du N. au S. ; la chaîne Carpetano-Vettonique, les monts de Tolède, et les Sierras Morena et Nevada.

153. Les principales îles sont les Baléares, savoir : Majorque, Minorque, Iviza et Formentera.

154. L'Espagne se divisait en 14 provinces, maintenant elle forme 11 gouvernements généraux et 49 provinces qui portent généralement les noms de leurs chefs-lieux.

155. Provinces du N., principales villes : Saint-Jacques de Compostelle, Oviédo, Bilbao, Pampelune, Saragosse et Barcelone; provinces du centre : Madrid, capitale du royaume, Léon, Salamanque, Badajoz, Tolède, Valence ; provinces du midi : Cordoue, Séville, Cadix, Jaen, Gibraltar (aux Anglais), Grenade, Murcie.

156. L'Espagne a une population de 15 millions d'hab. catholiques. Le gouvernement est une monarchie constitutionnelle.

157. Les colonies sont : en Afrique, les Présides, sur la côte du Maroc, et les îles Canaries ; en Amérique, Cuba et Porto-Rico ; en Océanie, les Philippines. Les ports principaux sont ceux de Barcelone, Malaga, Cadix, le Ferrol, la Corogne, Port-Mahon, la Havane.

158. Elle a 120,000 soldats, 20 vaisseaux et frégates. Les revenus s'élèvent à environ 180 millions.

159. La république d'Andorre, située dans les Pyrénées, entre la France et l'Espagne, a 16,000 hab.; elle est gouvernée par un conseil de vingt-quatre membres, un syndic et deux viguiers. Capitale, Andorre-la-Vieille.

160. § III. Le royaume de Portugal est borné par l'Atlantique et par l'Espagne.

161. Les fleuves, nés en Espagne, sont le Minho, le Douro, le Tage, et la Guadiana. Les principales montagnes sont les Sierras de Estrella, San-Mamès, Estremos, Caldeirao et Monchique. Le cap principal est celui de Saint-Vincent.

162. Le Portugal est divisé en 7 provinces, subdivisées en 17 districts, dont 4 formés par les îles Açores, Madère, et du Cap-Vert ; les 7 provinces sont celles de Minho; au N. O.; Tras-os-Montes, au N.-E.; de Haut et Bas Beira et Estrémadure, au centre ; Alem-Tejo et Algarves, au S. Leurs villes principales sont : Lisbonne, capitale; Braga, Bragance, Lamégo, Évora, Ourique, etc.

163. Les colonies sont : en Afrique, les îles Açores, Madère et du Cap-Vert ; en Asie, Goa dans l'Hindoustan, Macao en Chine; en Océanie, des établissements aux îles Timoriennes. Lisbonne et Oporto sont les ports principaux.

164. Il a 3 millions et demi d'hab. et un gouvernement représentatif.

§ Ier. ITALIE.

136. POSITION. — LIMITES. — L'Italie (*Italia*), la plus centrale des trois grandes péninsules que forme l'Europe méridionale, est renfermée, en y comprenant les îles qui en dépendent, entre les 35e et 47e degrés de latitude N. et entre les 4e et 17e degrés de longitude E. — Entourée par la mer Méditerranée au S. O., par la mer Ionienne au S. E., et par la mer Adriatique au N. E., elle est bornée au N. O. par le Var, les Alpes, le Rhône et le lac Léman, qui la séparent de la France et de la Suisse, et au N. par la grande chaîne des Alpes, qui la sépare de la Suisse et de l'Allemagne.

137. CHAINES DE MONTAGNES PRINCIPALES. — L'Italie est entourée du N. O. au N. E. par la grande chaîne des *Alpes*, qui prend les divers noms d'*Alpes Maritimes*, des bords de la Méditerranée au mont *Viso*, — *Alpes Cottiennes*, jusqu'au mont *Cenis*, — *Alpes Grecques* jusqu'au mont *Blanc*, — *Alpes Pennines* jusqu'au *Saint-Gothard*, — *Alpes Lépontiennes* jusqu'au *Bernardino*, — *Alpes Rhétiques* jusqu'au mont *Croce*, — *Alpes Carniques* jusqu'au mont *Terglou*, et *Alpes Juliennes* jusqu'au mont *Kleck* où commencent les *Alpes Dinariques*. — A cette grande chaîne se rattache celle des *Apennins* qui parcourt toute la Péninsule du N. au S.

C'est à l'Italie qu'appartiennent la plupart des volcans de l'Europe, savoir : le *Vesuve* (*Vesuvio*), sur le continent, l'*Etna* (*Gibello*), en Sicile, et ceux de *Stromboli*, de *Volcano* et de *Volcanello* dans les îles de Lipari.

138. VERSANTS.—MERS.—ILES PRINCIPALES. — FLEUVES ET LACS PRINCIPAUX.—La péninsule de l'Italie est partagée en deux grands versants inclinés, l'un, vers la mer Tyrrhénienne ou de Sicile, qui, dans sa partie N., entoure l'île d'*Elbe*, et quelques petites autres, et l'île de *Sardaigne*, et dans le S. le groupe des *Lipari*, la *Sicile* et le groupe de *Malte*; et l'autre, vers la mer Adriatique. Ses extrémités méridionales appartiennent même à un troisième versant beaucoup moins considérable, celui du *golfe de Tarente* formé par la mer Ionienne qui communique avec la mer Tyrrhénienne par le phare ou détroit de Messine. — Parmi les fleuves, tous peu considérables, qui appartiennent au premier de ces deux versants, outre le *Tibre*, l'un des fleuves les plus célèbres de l'Europe, nous nommerons : l'*Arno* et l'*Ombrone*, qui arrosent la Toscane; — le *Teverone* (ancien *Anio*), affluent du Tibre, avec lequel il arrose les États de l'Église; — le *Garigliano*, le *Voltorno* et le *Silaro*, qui arrosent le royaume de Naples. — Sur le versant de l'Adriatique, outre le *Pô*, le plus grand fleuve de l'Italie, qui, avec ses affluents la *Doria Riparia*, la *Doria Baltea*, la *Sesia*, le *Tésin*, l'*Adda*, l'*Oglio* et le *Mincio*, par la rive gauche, le *Tanaro*, la *Trebbia*, le *Reno*, etc., par la rive droite, arrose les royaumes de Sardaigne et Lombard-Vénitien, les duchés de Parme et de Modène, et le N. des États de l'Église, nous pouvons nommer plus au N. E. : — l'*Adige*, la *Piave* et le *Tagliamento*, qui arrosent la partie orientale de ce même royaume Lombard-Vénitien; — au S. E. : les petits fleuves de la *Pescara*, du *Sangro* et de l'*Ofanto*, qui, avec une foule d'autres moins considérables encore, arrosent les provinces orientales du royaume de Naples. Ceux qui tombent dans le golfe de Tarente, tels que le *Brandano*, le *Bisiento*, etc., après avoir arrosé les provinces méridionales de ce même royaume, ont fort peu d'importance. Les principaux lacs sont, à l'O. des Apennins, ceux de *Pérouse*, de *Bolsena* et *Fuccino*. Près du golfe de Naples, ceux de *Fusaro*, *Averne* et *Lucrin*.

139. POPULATION. — ILES PRINCIPALES. — La population de l'Italie s'élève à plus de 23 millions et demi d'habitants, en y comprenant celle des grandes îles de *Sardaigne* et de *Sicile*, situées à l'E. et au S. O., ainsi que celle de l'île d'*Elbe* et des autres petites îles répandues le long de ses côtes, et du groupe de *Malte,* situé au S. de la Sicile.

140. GRANDES DIVISIONS POLITIQUES. — L'Italie renferme 9 États différents, savoir : 4 dans l'*Italie septentrionale,* qui sont le royaume de *Sardaigne,* le royaume *Lombard-Vénitien,* les duchés de *Parme et Plaisance,* et celui de *Modène;* — 3 dans l'*Italie centrale,* qui sont : le grand-duché de *Toscane,* les *États de l'Église,* et la république de *Saint-Marin;* — enfin 1 dans l'*Italie méridionale,* le royaume des *Deux-Siciles.* — Nous y ajouterons le groupe de *Malte,* qui est, comme nous l'avons dit, une dépendance de l'Italie.

141. ROYAUME DE SARDAIGNE. — BORNES. — POPULATION. — RELIGION. — GOUVERNEMENT. — Les États du roi de Sardaigne comprennent, outre l'île de ce nom, des possessions assez considérables au N. O. de l'Italie et du golfe de Gênes. Ces possessions sont bornées au N. par la Suisse, à l'O. par la France, au S. par la Méditerranée, et à l'E. par le duché de Parme et le royaume Lombard-Vénitien. — La population de tous ces États est de 4 millions 990,000 habitants, dont 553,000 pour l'île de Sardaigne et les autres petites îles qui l'entourent. Ils professent la religion catholique. — Le gouvernement de ce royaume est une monarchie représentative.

142. DIVISIONS POLITIQUES DU ROYAUME DE SARDAIGNE. — Les États du roi de Sardaigne ont été formés de 7 provinces principales, savoir : 1° l'*île de Sardaigne,* au S. de la Corse, dont elle est séparée par le détroit de Bonifacio; 2° le duché de *Savoie,* à l'E. du Dauphiné, berceau de la famille qui règne aujourd'hui dans ce pays; 3° le *Piémont,* séparé de la Savoie par le *Grand* et le *Petit Saint-Bernard* et par le *Mont-Blanc;* 4° le *Montferrat;* 5° le *Milanais Sarde,* à l'E.; 6° le *comté de Nice,* comprenant la *principauté de Monaco* et 7° le *duché de Gênes,* qui occupent toute la côte septentrionale du golfe de ce nom. Les États Sardes sont divisés administrativement en deux parties distinctes, savoir : — 1° Les *États de Terre ferme,* partagés en 11 *divisions,* subdivisés en 39 provinces; 2° le *royaume de Sardaigne* proprement dit, comprenant l'île de ce nom, partagé en 3 *divisions,* subdivisées en 11 *provinces.*

VILLES PRINCIPALES. — Les principales villes du royaume de Sardaigne sont : — TURIN (*Torino*), non loin du confluent de la Doria Riparia et du Pô, ancienne capitale du

Piémont, résidence des souverains, et l'une des plus belles villes de l'Italie. Population, 143,000 habitants.

CHAMBÉRY, au S. O. de la Savoie, dont elle était la capitale.— CASALE, sur le Pô, ville forte, capitale du *Montferrat.*— ALEXANDRIE *de la Paille*, au S. E. de Turin, sur le Tanaro, ville très-forte, ancienne capitale du *Milanais Sarde*; au S. E., se trouve le village de *Marengo*, au confluent du *Tanaro* et du *Fontanone*, illustré, le 14 juin 1800, par une grande victoire de Napoléon sur les Autrichiens. — NICE, à 5 kilomètres de l'embouchure du Var, capitale du comté de son nom, dans une situation admirable et sous un ciel extrêmement pur. — GÊNES, au S. E. d'Alexandrie, bâtie en amphithéâtre sur le bord de la mer, et surnommée *la Superbe*, à cause de la magnificence de ses palais, où le marbre est prodigué de toutes parts. Elle était la capitale d'une république que son commerce rendit, au dix-septième siècle, un des États les plus riches et les plus puissants de l'Europe (125,000 hab.). — CAGLIARI, au S. de l'île de Sardaigne, sur le golfe du même nom; capitale, archevêché, résidence du roi pendant tout le temps que ses États furent occupés par les Français (28,000 hab.). — La grande île dont cette ville est la capitale est hérissée de montagnes remplies de mines et entrecoupées par des vallées très-fertiles; mais le climat y est malsain, et l'industrie ainsi que le commerce y sont extrêmement bornés; aussi son importance est-elle loin de répondre à son étendue. — MONACO, petit port sur la Méditerranée, capitale de la principauté du même nom, enclavée dans la Sardaigne, et dont la ville la plus importante est *Mentone*, située un peu plus au N. E.

143. ROYAUME LOMBARD-VÉNITIEN. — BORNES. — POPULATION. — RELIGION. — GOUVERNEMENT. — Le royaume Lombard-Vénitien, situé au N. de l'Italie, est borné au N. par l'empire d'Autriche et la Suisse; à l'O., par les États Sardes; au S., par les duchés de Parme et de Modène, par les États de l'Église et le golfe de Venise; et à l'E., par le royaume d'Illyrie. — Sa population est d'environ 5 millions d'habitants, professant la religion catholique. — Il est gouverné par un vice-roi, sous la souveraineté absolue de l'empire d'Autriche.

144. DIVISIONS POLITIQUES, VILLES PRINCIPALES DU ROYAUME LOMBARD-VÉNITIEN. — Le royaume Lombard-Vénitien se compose : 1° de la *Valteline*, qui faisait autrefois partie du pays des Grisons, au N. O.; 2° du *Milanais*, à l'O.; 3° du duché de *Mantoue*, au centre, et 4° de l'ancienne république de *Venise*, à l'E. : il est aujourd'hui partagé en deux grands gouvernements, celui de *Milan*, divisé en 9 délégations, et celui de *Venise*, qui en comprend 8.

Les principales villes du royaume Lombard-Vénitien sont : — MILAN (*Milano*), capitale du royaume Lombard-Vénitien, et l'une des villes les plus belles et les plus riches de l'Italie (150,000 hab.).

Pavie, au S., sur le Tésin, ancienne capitale des Lombards, et fameuse par la bataille où François Ier fut fait prisonnier en 1525. — *Marignan*, où ce même prince remporta une célèbre victoire sur les Suisses et le duc de Milan. — *Lodi*, au S. E. de Milan, sur l'Adda, ville forte que les Français prirent sur les Autrichiens, en 1796, après avoir passé un pont sous le feu de leur artillerie. — Mantoue, dans un lac formé par le Mincio ; ce qui la rend très-forte. — Verone, au N. E. de Mantoue, sur l'Adige, remarquable par les congrès de 1820 et de 1823. — Padoue, à l'E. de Véronne, sur la Benta ; fameuse université. — Venise, au N. E. de Padoue, dans le golfe qui porte son nom ; une des plus belles, des plus considérables et des plus fortes villes du monde ; fondée au cinquième siècle, au milieu des lagunes de la mer Adriatique, par quelques habitants de Padoue, qui s'y réfugièrent pour se soustraire à la fureur d'Attila. Son commerce l'avait rendue, au commencement du quatorzième siècle, un des plus puissants de l'Europe (110,000 hab.).

145. Duchés de Parme et de Plaisance. — Ces duchés, situés au S. E. du Milanais, renferment près de 460,000 hab. professant la religion catholique. Leur gouvernement est absolu. — Les villes principales sont : — PARME, au S. E., capitale du duché du même nom ; ville grande, riche, et peuplée de 40,000 hab. — Plaisance (*Piacenza*), au N. O. de Parme ; elle tire son nom de sa situation extrêmement agréable au confluent du Pô et de la Trébia ; capitale du duché du même nom (29,000 hab.).

Duché de Modène. — Le duché de Modène, situé au S. E. de celui de Parme, renferme environ 450,000 hab. professant la religion catholique. — Il est gouverné d'une manière absolue par un archiduc de la maison d'Este. — Il comprend les anciens duchés de *Modène*, de *la Mirandole*, de *Reggio* et de *Guastalla*, qui ont des capitales du même nom, et celui de *Massa et Carrara*, qui y a été réuni par suite de la mort de la princesse qui le possédait. — Les villes principales sont : — MODENE, au S. E. de Parme, avec de beaux édifices, résidence du prince (28,000 hab.). — *Reggio*, au N. O. de Modène, patrie de l'Arioste, fameux poëte italien. — *Massa*, au S. O. de Modène, ancienne capitale du duché de son nom. — *Carrara*, petit port, fameux par ses beaux marbres connus sous le nom de marbres de *Carrare*. — *Guastalla*, petite ville forte, sur le Pô.

Grand-Duché de Toscane. — Le grand-duché de Toscane (ancienne Étrurie) auquel est réuni l'ancien duché de

Lucques, est situé sur la côte de la Méditerranée; il est traversé par la chaîne des Apennins, où l'on trouve des mines d'argent, de cuivre, etc., et renferme 1 million et demi d'habitants professant la religion catholique. — Le gouvernement est absolu. — Ses principales villes sont : — FLORENCE (*Firenze*), au N., sur l'Arno, capitale du grand-duché de Toscane; grande et belle ville, peuplée de 102,000 habitants. Elle fut pendant plusieurs siècles la capitale d'un des plus puissants États de l'Europe, et le berceau des arts, des lettres et des sciences en Occident; patrie du Dante, d'Améric Vespuce et des Médicis.

Pise, à l'O. de Florence, aussi sur l'Arno; capitale d'une ancienne république détruite par les Florentins en 1406. — *Livourne*, un des plus fameux ports de la Méditerranée (75,000 hab). — *Sienne*, au S. E. de Livourne; université célèbre.— *Lucques*, ancienne capitale du duché du même nom, ville belle et commerçante (24,000 hab.).

ILES QUI DÉPENDENT DE LA TOSCANE. — Le grand-duc de Toscane possède encore quelques petites îles situées dans la Méditerranée, près des côtes de ses États, et dont la principale est l'île d'*Elbe*, où Napoléon avait été relégué en 1814. — Cette île, qui appartient depuis 1815 au grand-duché de Toscane, possède des carrières de fer, d'aimant et de marbre, et renferme une population de 14,000 âmes. — Capitale : PORTO-FERRAJO, au N., petit port bien fortifié (2,000 hab.).

146. ÉTATS DE L'ÉGLISE. —BORNES. — POPULATION. — RELIGION. — GOUVERNEMENT. — Les États de l'Église, qui occupent le centre de l'Italie, sont bornés au N. par le royaume Lombard Vénitien, à l'O., par les duchés de Modène et de Toscane et par la Méditerranée; au S., par le royaume de Naples, qui, avec la mer Adriatique, les borne aussi à l'E. Ils renferment une population de près de 3 millions d'habitants professant la religion catholique.—Le gouvernement est tempéré par une assemblée.

DIVISIONS ADMINISTRATIVES. — Les États de l'Église sont divisés en 21 provinces appelées pour la plupart *légations* ou *délégations*, et portant les noms des villes qu'elles ont pour chefs-lieux.

Les villes les plus remarquables des États de l'Église sont: —ROME, au S., sur le Tibre; capitale. Cette ville, l'ancienne capitale du monde et l'une des plus fameuses de l'univers, est encore aujourd'hui, quoiqu'elle ait été saccagée six fois par les Barbares, celle qui offre le plus de beaux monuments. On remarque parmi les monuments anciens, la colonne Trajane, le Panthéon, le Colysée, etc., et parmi les édifices modernes, la magnifique église de Saint-Pierre et les palais du Vatican et du Quirinal, résidences du pape. (155,000 habitants.)

Civita-Vecchia, port commerçant sur la Méditerranée. — *Ostie*, port près de l'embouchure du Tibre. — TIVOLI, au N. E. de Rome, séjour délicieux, renommé par les cascades du *Teverone*. — *Ferrare*, au N. des Etats de l'Eglise ; capitale de l'ancien duché du même nom. — *Bologne (Bononia)*, au S. O. de Ferrare; tres-belle ville; la plus fameuse université de l'Italie ; (75,000 habitants). — RAVENNE, au S. E. de Ferrare; à 4 kilomètres de la mer Adriatique, sur laquelle elle était autrefois située, résidence des derniers empereurs romains. — URBIN, au S. E. de Ravenne : patrie de Raphaël. — ANCÔNE, port fortifié sur l'Adriatique, le plus commerçant de toute cette côte : (30,000 habitants).

Le pape possède encore, dans le royaume des Deux-Siciles, les duchés de PONTE-CORVO et de BENEVENT, qui s'y trouvent enclavés, et qui ont pour capitales les villes dont ils portent les noms.

RÉPUBLIQUE DE SAINT-MARIN. — La petite république de SAINT-MARIN, qui renferme 7,000 habitants et une capitale du même nom sur une montagne escarpée, est située dans les Etats de l'Eglise, au N. du duché d'Urbin, dans lequel elle se trouve enclavée.

147. ROYAUME DES DEUX-SICILES. — LIMITES. — POPULATION. — RELIGION. — GOUVERNEMENT. — Le royaume des Deux-Siciles, composé de la partie méridionale de l'Italie, de la Sicile et de quelques petites îles répandues sur les côtes, est borné au N. O. par les États du Pape; au N. E. et à l'E. par la mer Adriatique; au S. et à l'O.. par la Méditerranée. Il a une superficie de 109,646 kilomètres carrés. Sa fertilité et la beauté de son ciel l'ont fait surnommer le paradis de l'Italie. — Sa population est de plus de 8 millions et demi d'habitants, dont environ 6,600,000 pour les provinces *en deçà du Phare* et 2 millions pour la Sicile. — Ils professent la religion catholique. — Le gouvernement est monarchique et a pour chef un prince de la maison de Bourbon. Cette famille régna sur la Sicile seulement, pendant tout le temps que dura l'invasion de ses États par les Français au commencement de ce siècle.

148. DIVISIONS POLITIQUES ET ADMINISTRATIVES. —Toute la partie du royaume des Deux-Siciles qui se trouve sur le continent est partagé en 4 grandes provinces, savoir : les *Abruzzes*, au N., le long de la mer Adriatique; la *Terre de Labour*, sur les côtes de la Méditerranée ; la

Pouille, au S. E. des Abruzzes, et la *Calabre*, qui occupe toute la partie méridionale de l'Italie ; ces provinces se subdivisent en 15 autres. — Nous décrirons séparément la Sicile, divisée naturellement en 3 vallées subdivisées en 7 provinces.

PROVINCES CONTINENTALES. — Les principales villes du royaume des Deux Siciles situées sur le continent sont : — NAPLES (*Napoli*), sur le golfe du même nom, capitale, surnommée *la Noble* et *la Gentille;* l'une des plus belles villes du monde, avec un bon port qui la rend très-commerçante. (450,000 habitants.)

A peu de distance au S. E., se trouve *Portici*, jolie ville avec un palais de plaisance, bâtie au pied du Vésuve, sur les ruines d'*Herculanum*. — *Aquila* et *Chieti*, au N., dans les Abruzzes. —*Manfredonia*, au N. E. de Naples, sur le golfe qui porte son nom. — *Bari*, au S. E. de Manfredonia, ville forte, sur la mer Adriatique (27,000 hab.). — *Otrante*, au S. E. de Bari, sur le détroit auquel elle donne son nom, et qui forme l'entrée de la mer Adriatique ; archevêché. — *Tarente*, sur le golfe qui porte son nom. — *Cosenza*, au S. O. de Tarente. — REGGIO, sur le Phare de Messine.

149. SICILE. — POSITION. — DIVISIONS. — VILLES REMARQUABLES. — La grande île de *Sicile*, située au S. de l'Italie, dont elle est, comme nous l'avons dit, séparée par le *Phare de Messine*, a 300 kilomètres de long sur 200 environ de large, et une superficie de 26,983 kilomètres carrés et se divise naturellement en 3 vallées, dans chacune desquelles se trouve un des trois caps (cap *Faro* au N. E., cap *Boeo* à l'O. et cap *Passaro* au S.) qui lui avaient fait donner anciennement le nom de *Trinacrie*. — Ses villes remarquables sont : — PALERME, au N., l'un des plus beaux ports de la Méditerranée ; capitale de toute la Sicile ; résidence du vice-roi ; archevêché., (167,000 habitants).

MESSINE, sur le détroit auquel elle donne son nom ; capitale du *Val-Demona*. — CATANE, au pied de l'Etna, grande ville, chef-lieu de la province du même nom. (97,000 hab.). — SIRAGOSA (Syracuse), au S., port de mer qui de son ancienne splendeur ne conserve que des ruines magnifiques. — NOTO, au S., capitale du *Val de Noto*. — GIRGENTI, à l'O., cap. du *Val de Girgenti*, évêché. Jadis une des plus grandes et des plus riches cités de la Sicile.

AUTRES ILES. — Les autres îles qui dépendent du royaume des Deux-Siciles sont : — les îles de LIPARI, situées au N. de la Sicile; elles sont au nombre de douze, dont la principale donne son nom au groupe, et a pour capitale une ville très-ancienne et très-forte qui porte aussi le même nom, et qui fut fondée par Barberousse en 1544, et rebâtie par Charles-Quint. —PANTELLARIA, située au S. O. de la Sicile.—A l'entrée du golfe de Naples, CAPRI (Capræ), séjour enchanteur mais d'un difficile accès, avec une capitale du même nom. — ISCHIA qui renferme des mines d'or et d'argent, et une capitale du même nom.

150. GROUPE DE MALTE. — POSITION. — GOUVERNEMENT. — POPULATION. — VILLES PRINCIPALES. — L'île de MALTE (Melita), située au S. de la Sicile, et ayant environ 90 kilom. de circuit, appartient aujourd'hui aux Anglais. Elle est célèbre pour avoir été la demeure des chevaliers de Saint-Jean de Jérusalem, auxquels Charles-Quint la donna, en 1525, lorsqu'ils eurent été contraints d'abandonner Rhodes. Sa population, en y comprenant les petites îles de *Gozzo* et de *Comino*, situées au N. O., et qui en dépendent, est de 160,000 habitants. — Malte a pour capitale CITE-LAVALETTE, au N., ville très-forte, avec un bon port.

On peut ajouter à ces îles celles de *Linosa* et de *Lampedusa*, situées plus au S. O., et dont les gouvernements de Malte et des Deux-Siciles se disputent la possession.

§ II. ROYAUME D'ESPAGNE.

151. POSITION.— LIMITES. — Le royaume d'Espagne, qui occupe la plus grande partie de la vaste péninsule à laquelle il a donné son nom, est renfermé entre les 36° et 44° degrés de latitude N. et entre le 12° degré de longitude O. et le 2° degré de longitude E., en y comprenant l'archipel des îles *Baléares*, qui en fait partie. — Ce royaume est borné au N. par les Pyrénées, qui le séparent de la France, et par le golfe de Biscaye; à l'O. par l'océan atlantique et le Portugal; au S., par l'océan atlantique, le détroit de Gibraltar, et la Méditerranée, qui lui sert aussi de borne à l'E.

152. MERS — RIVIÈRES. — VERSANTS. — MONTAGNES. — La péninsule Espagnole, entourée par la Méditerranée et l'Atlantique, unis par le détroit de *Gibraltar*, est traversée, à peu près du N. au S., par la ligne de partage des deux versants Océanique et Méditerranéen; mais comme cette ligne se rapproche plus de la Méditerranée que de l'Atlantique, c'est vers l'Océan que se dirigent le plus grand nombre des fleuves de l'Espagne, savoir, du N. au S. : — le *Minho* ou *Minio*, le *Douro*, le *Tage* (*Tajo*), la *Guadiana* et le *Guadalquivir*. — Le versant Méditerranéen n'a qu'un grand fleuve, l'*Ebre*; mais on peut nommer après lui le *Xucar* et la *Segura*, qui arrosent le S. E. de l'Espagne.

Des chaînes de montagnes, très-nombreuses séparent les bassins de ces fleuves et couvrent toute l'Espagne de leurs ramifications. Nous nous bornerons à indiquer les principales, savoir : — les monts *Cantabriques*, qui forment à l'O. le prolongement de la grande chaîne des *Pyrenees* commune à la France et à l'Espagne ; — la longue chaîne *Iberique*, qui forme sous les divers noms de *Sierra Caballera*, de *Moncayo*, d'*Albaracin*, *Morena* et *Nevada*, la séparation des deux versants Océanique et Méditerranéen ; — la chaîne *Carpetano-Vettonique*, qui, sous les noms de *Sierra de Guadarama* et de *Gata*, sépare les bassins du Douro et du Tage ; — la chaîne des *Monts de Toléde* qui sépare les bassins du Tage et de la Guadiana ; — la *Sierra Morena*, ou des montagnes noires sépare les bassins de la Guadiana et du Guadalquivir, et la *Sierra Nevada*, la plus élevée de la péninsule Hispanique, sépare le bassin du Guadalquivir de ceux de petits fleuves côtiers qui se rendent dans la Méditerranée.

153. ILES DÉPENDANTES DE L'ESPAGNE. — Les principales îles que l'Espagne possède en Europe sont les anciennes ILES BALEARES, situées dans la Méditerranée, au nombre de quatre, savoir : MAJORQUE, la plus grande du groupe, de 160 kilom. de circuit et peuplée de 180,000 hab. ; capitale *Palma*, au S. — MINORQUE, au N. E. de Majorque (45,000 hab.) ; villes : *Citadella*, à l'O., et *Port-Mahon*, port sûr et commode à l E. — IVIZA ou *Ivica*, au S. O. de Majorque, avec une capitale du même nom ; elle est très-forte, et produit beaucoup de sel. — FORMENTERA, au S. d'Iviça, doit, dit-on, son nom au froment qu'on y récolte en abondance.

154. GRANDES DIVISIONS POLITIQUES. — L'Espagne se divisait autrefois en 14 provinces, dont plusieurs ont porté le titre de royaumes, savoir : 6 au N., qui sont, de l'O. à l'E. : la *Galice*, les *Asturies*, les *provinces Basques*, la *Navarre*, l'*Aragon* et la *Catalogne* ; 5 au milieu, qui sont : le royaume de *Léon*, l'*Estremadure*, la *Vieille* et la *Nouvelle-Castille*, et le royaume de *Valence* : deux au S., qui sont : l'*Andalousie*, qui comprend les 4 royaumes de *Séville*, *Cordoue*, *Jaen* et *Grenade*, et le royaume de *Murcie* ; une dans la Méditerranée, composée des *Iles Baléares*. — Aujourd'hui, l'Espagne est divisée en 11 *gouvernements généraux*, formés presque tous des anciennes provinces et en 49 provinces ou *intendances* qui portent également le nom de leur résidence.

155. PROVINCES DU NORD. — Les principales villes du nord de l'Espagne sont : — SAINT-JAQUES DE COMPOSTELLE (*Santiago*), au N. O., à peu de distance de l'Atlantique ; ancienne capitale de la *Galice*, archevêché ; lieu d'un célèbre pèlerinage au tombeau de saint Jacques le Majeur, qu'on y a cru enterré. — Au N., LE FERROL, excellent port militaire et magnifique arsenal maritime; et LA COROGNE, bon port de commerce, tous deux sur l'Atlantique. Le dernier est maintenant la capitale du gouvernement général de *Galice*. — OVIEDO, ancienne capitale des *Asturies*. — BILBAO, à l'E. d'Oviédo, ancienne capitale de la *Biscaye*, — PAMPELUNE, au S. E. de Bilbao, ville très-forte capitale du gouvernement général de *Cantabrie* et de la province de *Navarre*, au N. de laquelle se trouve *Roncevaux*, célèbre par la mort du fameux paladin Roland, neveu de Charlemagne. — *Fontarabie*, petite place forte à l'embouchure de la Bidassoa. — SARAGOSSE, sur l'Ebre, au S. E. de Pampelune, capitale de l'*Aragon*; fameuse par le siége opiniâtre qu'elle soutint contre les Français en 1809. — BARCELONE, à l'E. de Saragosse; ville très-forte, avec un bon port sur la Méditerranée; capitale de la *Catalogne*, et l'une des villes les plus riches et les plus industrieuses de l'Espagne (200,000 habitants).

PROVINCES DU CENTRE. — Les principales villes des provinces du centre de l'Espagne sont : — MADRID, au centre, capitale de la *Nouvelle-Castille* et de toute l'Espagne, sur le *Mançanarès*, ruisseau qu'on passe sur un pont magnifique; c'est la plus élevée et l'une des plus petites capitales de l'Europe. Population, environ 250,000 habitants.

A peu de distance de cette ville sont les châteaux royaux de l'*Escurial*, sur la *Guadarrama*, et d'*Aranjuez*, sur le Tage. — LEON, au S. E. d'Oviédo, capitale de l'ancien royaume du même nom. — BURGOS, à l'E. de Léon, ancienne capitale de la *Vieille-Castille*, et aujourd'hui du gouvernement général de son nom, patrie du Cid. — SALAMANQUE, au S. de Léon, fameuse université. — BADAJOZ, au S. O. de Salamanque, sur la Guadiana, que l'on y passe sur un pont de 620 mètres de long; capitale de l'*Estremadure Espagnole*. — TOLÈDE, sur le Tage, au S. de Madrid; fameuse université; elle fut, avant Madrid, la capitale de l'Espagne. — VALENCE, au S. E. de Tolède, sur le Guadalaviar, à 5 kilomètres de la mer, capitale de l'ancien royaume du même nom, et du gouvernement général de *Valence et Murcie*, l'une des plus florissantes villes d'Espagne (70,000 hab.). — Au S. se trouve *Alicante*, ville fameuse par ses vins de liqueur.

PROVINCES DU MIDI. — Les principales villes du midi de l'Espagne sont : CORDOUE (*Cordoa*), sur le Guadalquivir, au S. O. de Tolède, dans l'Andalousie; très-florissante sous les Maures; patrie du célèbre capitaine Gonzalve. — SEVILLE, au S. O. de Cordoue, sur le même fleuve; capitale de l'*Andalousie*, si belle qu'on en a dit : *Qui n'a point vu Seville n'a point vu de merveille*. C'est la patrie de Michel Cervantes (91,000 hab.). — CADIX, au S. O. de Séville, dans la même province; bon port, et l'une des villes les plus commerçantes du monde (53,000 hab.); très-forte par sa position dans une petite île réunie au S. par une chaussée à l'île de *Léon* — On trouve encore dans l'Andalousie

Xerès et *Rota*, renommées par leurs vins, et le fort de Gibraltar, sur le détroit de ce nom; il est situé sur un rocher à 430 mètres au-dessus de la mer, et appartient depuis 1704 aux Anglais, qui s'en sont emparés par surprise. — Grenade, à l'E. de Séville; capitale du gouvernement et de l'ancien royaume de son nom, le dernier que les Maures aient possédé en Espagne, et d'où ils furent chassés en 1492. Ils ont bâti dans cette ville un palais magnifique nommé *Alhambra*, qui subsiste encore (80,000 hab.). — Murcie, au N. E. de Grenade, ancienne capitale du royaume de son nom, conquise sur les Maures, en 1263, par Ferdinand, roi de Castille. — Carthagène, au S. E. de Murcie, port sur la Méditerranée, le meilleur de l'Espagne, et l'un des plus considérables de l'Europe (40,000 hab.). — Malaga port de mer, au S. de la même province, renommée par ses vins (65,000 hab.).

156. Population. — Religion. — Gouvernement. — L'Espagne renferme une population de 14 a 15 millions d'habitants, professant tous la religion catholique. — Son gouvernement est une monarchie constitutionnelle dans laquelle le trône est héréditaire, même pour les femmes, et où la nation est représentée par l'assemblée des *Cortès*, composée de deux chambres, celle des *Procères* ou Sénateurs, choisis par le souverain sur des listes présentées par les électeurs, et celle des *Procuradores* ou Députés, nommés directement par les électeurs, les uns et les autres pour trois ans seulement.

157. Colonies. — Ports principaux. — L'Espagne, autrefois le plus riche des États de l'Europe en possessions lointaines, conserve encore dans les diverses parties du monde des colonies assez importantes, savoir :

En Afrique, les villes fortifiés dites *Présides* (*Ceuta*, *Melilla*, etc.), sur la côte septentrionale du Maroc, et le groupe des îles *Canaries*.

En Amérique : les riches et importantes îles de *Cuba* (cap. *La Havane*) et de *Porto-Rico*, dans les Grandes Antilles.

En Océanie : l'archipel des îles *Philippines*.

Les ports principaux appartenant à l'Espagne sont ceux de *Barcelone*, *Carthagène*, *Malaga*, *Cadix*, *le Ferrol*, *la Corogne*, *Palma*, *Port-Mahon* en Europe; *la Havane* (*Habana*) dans l'île de Cuba.

158. Armée. — Marine. — Revenu. — Dette. — L'armée régulière s'élève à environ 120,000 hommes. La marine possède 20 vaisseaux et frégates et une trentaine de vapeurs et de bâtiments inférieurs. — Les revenus montent à environ 180 millions et la dette à 4 milliards.

159. RÉPUBLIQUE D'ANDORRE. — POSITION. — ÉTENDUE. — POPULATION. — GOUVERNEMENT. — CAPITALE. — Le territoire de la république d'Andorre se compose d'une vallée située au milieu de la chaîne des Pyrénées, entre la province espagnole de la Catalogne et le département Français de l'Ariége. — Cette vallée, d'environ 30 kilomètres de long sur 25 de large, est arrosée par la *Balira*, affluent de la *Sègre*, rivière tributaire de l'Èbre; elle a 16,000 hab., pasteurs pour la plupart, et répartis en 34 villages ou hameaux, formant 6 communautés. — Cette petite république, placée sous la protection de la France et de l'Espagne, est gouvernée par un Conseil général de 24 membres, nommés à vie par les 6 communautés. Un Syndic élu à vie par le conseil est chargé du pouvoir exécutif, et deux Viguiers sont chargés de l'administration, de la justice et du maintien de la tranquillité publique. L'un de ces viguiers est Français et nommé par la France pour un temps indéfini; l'autre doit être Andorrais de naissance et nommé pour trois ans par l'évêque d'Urgel en Espagne. — ANDORRE-LA-VIEILLE, petite ville de 2,000 habitants, sur la Balira, est la capitale de la république.

§ III. ROYAUME DE PORTUGAL.

160. POSITION. — LIMITES. — Le royaume de Portugal, le plus occidental des États de l'Europe méridionale, est situé au S. O. de la grande péninsule Hispanique, entre le 36e et le 42e degré de latitude N., et entre le 9e et le 12e degré de longitude O. — Il est borné à l'O. et au S. par l'océan Atlantique, et de tous les autres côtés, par l'Espagne.

161. RIVIÈRES. — MONTAGNES ET VERSANTS. — Nous avons déjà nommé parmi les principaux fleuves de la péninsule Hispanique (n° 152) ceux qui traversent le Portugal dans la partie inférieure de leur cours, et qui y ont leur embouchure dans l'Océan Atlantique, sur le versant duquel ce royaume est ainsi placé tout entier. — Ces fleuves sont : le *Minho* ou *Minio* au N. O., le *Douro* et le *Tage*, dans la partie centrale, et la *Guadiana*, au S. E. — Les bassins de ces fleuves sont séparés entre eux par des chaînes de montagnes médiocrement élevées qui couvrent de leurs ramifications la plus grande partie du Portugal, qu'elles traversent du N. E. au S. E. pour venir expirer sur les bords de l'Océan. Les principales sont : — La *Sierra de Estrella*, qui limite au N. le bassin du Tage, et va se terminer au cap de

Roca, et les *Sierras de San-Mamès* et de *Estremos*, qui limitent au N. et à l'O. le bassin de la Guadiana et vont au S. rejoindre celles de *Caldeirao* et de *Monchique*, qui se terminent au S. O. par le cap *Saint-Vincent*.

162. DIVISIONS POLITIQUES. — Le royaume de Portugal est partagé en 7 provinces, subdivisées en 17 districts, dont 4 sont formés par les archipels des *Açores*, de *Madère* et du *Cap-Vert*, qui se rattachent géographiquement à l'Afrique. — Les 7 provinces sont celles du *Minio* ou *Minho*, au N. O.; de *Tras-os-Montes*, au N. E.; de *Haut-Beira*, de *Bas-Beira* et d'*Estremadura*, au centre; d'*Alem-Téjo*, plus au S., et des *Algarves*, sur la côte méridionale.

VILLES PRINCIPALES. — Les villes principales du Portugal sont : LISBONNE, à l'embouchure du Tage; capitale de l'*Estrémadure Portugaise* et de tout le royaume, résidence des souverains. Son port, qui est très-vaste, passe pour un des meilleurs de l'Europe. Renversée par le tremblement de terre de 1755, elle est entièrement réparée (260,000 hab.).

Au S. O. se trouve *Bélem*, sur le Tage, sépulture des rois. — BRAGA, au N., archevêché; capitale de la province du *Minio*, dont la ville principale, située à l'embouchure du *Douro*, est le port de PORTO ou *Oporto*, renommé pour ses vins, et devenu par son commerce, la seconde ville du Portugal (62,000 hab.). — BRAGANCE, au N. E. de Braga, capitale de la province de *Tras-os-Montes* ou *au dela des monts*. Cette ville a donné son nom à la famille actuellement régnante. — COIMBRE, au S. de Braga, la ville la plus importante des deux provinces de *Beira*, et ancienne résidence des rois : fameuse université (15,000 hab.). — LAMEGO, plus au N. E. dans la même province, célèbre par la réunion des Cortès de 1144, qui posèrent les bases de la constitution portugaise. — EVORA, au S. E. de Lisbonne, capitale de l'*Alem-Tejo* ou *en deça du Tage*, province riche en oliviers et en fruits exquis, mais marécageuse. — OURIQUE, plus au S O., dans la même province, célèbre par la victoire qu'Alphonse Henriquez y remporta sur les Maures en 1139, et à la suite de laquelle il fut proclamé roi. — TAVIRA, sur l'Océan, capitale des Algarves.

163. COLONIES. — PORTS PRINCIPAUX. — Outre les archipels Africains dont nous avons parlé plus haut (n° 162), les Portugais ont encore diverses possessions : 1° en Asie, sur la côte occidentale de l'*Hindoustan*, *Goa*, *Diu*, et sur la côte méridionale de la *Chine*, *Macao*; — 2° En Océanie, dans l'archipel des *Iles Timoriennes*. — L'étendue de ces diverses possessions comprend en totalité environ 46,100 kilomètres carrés et une population de 830,000 habitants.

Les ports principaux du Portugal sont ceux de *Lisbonne*, *Oporto* ou *Porto*, *Tavira* (en Europe), *Macao*, en Chine, *Goa*, dans l'Hindoustan.

164. ÉTENDUE.— POPULATION.— RELIGION.— GOUVERNEMENT. — Le Portugal a environ 550 kilomètres de long sur 260 de large et renferme plus de 3 millions et demi d'habitants professant presque tous la religion catholique.

— Son gouvernement est une monarchie représentative dans laquelle la couronne est héréditaire même pour les femmes, et où la nation est représentée par l'assemblée des *Cortès*, composée de deux chambres, celle des *Pairs*, en nombre illimitée, nommés par le souverain, soit à vie, soit à titre héréditaire, et celle des *Députés*, nommés pour quatre ans par des électeurs, élus eux-mêmes dans des *assemblées paroissiales*.

QUESTIONNAIRE. — § I. 136. Quelles sont la position et les limites de l'Italie? — 137. Quelles sont les montagnes de l'Italie? — Quels sont les volcans? — 138. En combien de versants est divisée l'Italie? — Quels sont les fleuves et les lacs principaux? — 139. Quelle est la population? — Quelles sont les îles principales? — 140. Quelles sont les divisions? — 141. Quels sont les bornes, la population, la religion et le gouvernement du royaume de Sardaigne? — 142. De quels pays a été formé ce royaume? — Quelles sont ses divisions et ses villes principales? — 143. Indiquez les bornes, la population, la religion et le gouvernement du royaume Lombard-Vénitien. — 144. De quels pays est-il composé? — Quelles sont ses divisions politiques et ses villes principales? — 145. Décrivez les duchés de Parme et de Plaisance... le duché de Modène... le grand-duché de Toscane.—Quelles sont les îles qui dépendent de la Toscane? — 146. Quels sont les bornes, la population, la religion, le gouvernement et les divisions, les villes principales des États de l'Église? — Décrivez la république de Saint-Marin. — 147. Faites connaître les limites, la population, la religion et le gouvernement du royaume des Deux-Siciles. — 148. Quelles sont les divisions et les villes principales de ce royaume? — 149. Indiquez la position, les divisions et les villes remarquables de la Sicile. — Quelles sont les îles qui en dépendent? — 150. Faites connaître le groupe de Malte. — § II. 151. Quelles sont la position et les limites de l'Espagne? — 152. Quels sont les versants?... les fleuves?... les principales chaînes de montagnes? — 153. Quelles sont les îles qui dépendent de l'Espagne? — 154. Quelles sont les anciennes divisions? — Quelles sont les divisions actuelles? — 155. Indiquez les villes principales des provinces du nord et du centre. — Indiquez celles du midi. — 156. Quelles sont la population et la religion? — Quel est le gouvernement? — 157. Quels sont les colonies et les ports? — 158. Faites connaître l'armée, la marine, le revenu et la dette de l'Espagne. — 159. Décrivez la république d'Andorre. — § III. 160. Quelles sont la position et les limites du Portugal? — 161. Quelles sont les rivières? — Quelles sont les montagnes? — 162. Quelles sont les divisions et les villes principales? — 163. Quelles sont les possessions lointaines et les ports? — 164. Quelles sont l'étendue et la population du Portugal? — Quels sont la religion et le gouvernement?

CHAPITRE HUITIÈME.

HISTOIRE SOMMAIRE DE LA GÉOGRAPHIE.
GÉOGRAPHIE ANCIENNE.

SOMMAIRE.

165. Le monde connu des anciens était renfermé entre la Baltique, l'Elbe, les déserts de Sarmatie et de Scythie, au N.; le golfe de Siam, à l'E.; l'océan Indien, le désert d'Afrique au midi jusqu'au cap Prasum; l'Atlantique, à l'O.

166. Les anciens divisaient le monde en trois parties : 1° l'*Europe*, subdivisée en douze contrées ; Iles Britanniques, Chersonese Cimbrique, Scandinavie, Sarmatie, Gaule, Germanie, Illyrie, Espagne, Italie, Thrace, Macédoine et Grece ; — 2° l'*Afrique*, divisée en sept contrées : l Égypte, l'Éthiopie, la Libye, la Cyrénaique, l'Afrique propre, la Numidie et la Mauritanie ; — 3° l'*Asie*, divisée en Asie Mineure (12 provinces), Asie centrale et méridionale (4 provinces); et Asie supérieure (10 provinces); plus les Indes, la Sérique et la Scythie, pays presque inconnus.

167. Les connaissances géographiques les plus anciennes viennent des Hébreux, héritiers de la science des Égyptiens, puis des Grecs. Homere fournit quelques notions géographiques. Hérodote d'Halicarnasse divise le monde en Europe et Asie (l'Égypte et la Libye étant unies à l'Asie). Ératosthène fit de l'Afrique une troisième partie du monde. Aristote connut la sphéricité de la terre. Alexandre, son élève, fit faire des études géographiques et exécuter par Nearque un voyage sur les côtes de la Perse. — Thucydide, Xénophon, Polybe et Hipparque donnent des notions assez étendues. Les grands progrès viennent à l'époque des conquêtes des Romains, après les expéditions de César et de Germanicus. — Strabon écrit un ouvrage précieux et très étendu ; Pline le jeune et Pomponius Méla manquent souvent d'exactitude. Enfin, Ptolémée donne des notions plus complètes et plus approfondies que ses prédécesseurs ; Pausanias écrit une description de la Grèce. L'Itinéraire d'Antonin offre un document précieux sur les distances et la position des villes de l'empire. Enfin, parait la table de Peutinger, carte attribuée à l'époque de Théodose.

165. MONDE CONNU DES ANCIENS (1). — Les connaissances géographiques des anciens n'ont jamais dépassé les limites de l'ancien continent, qu'ils étaient même loin de connaître tout entier.

---

(1) La géographie du Monde connu des anciens étant déjà donnée deux fois dans ce Cours, au commencement des volumes de sixième et de troisième, nous pensons que le programme ne demande ici que de rappeler d'une manière sommaire l'étendue des connaissances des anciens comme point de comparaison avec les connaissances modernes.

En Europe, la mer Baltique, au N., et l'Elbe, au N. E., bornaient les pays qui leur étaient réellement connus ; car ils prenaient la Scandinavie pour une île, et savaient à peine le nom de la plus grande partie des peuples de la Germanie et de la Sarmatie. Ce ne fut même qu'après les expéditions des Romains qu'ils eurent des notions certaines sur les Gaules et la Bretagne.

En Asie, leurs connaissances, bornées au S. par l'Océan, s'étendaient un peu au N. de la mer Caspienne, et avaient pour bornes, au N. E., une ligne tirée de l'extrémité N. E. de cette mer au fond du *Grand Golfe* (golfe de Siam) ; encore ces limites renferment-elles, au N. et à l'E., des pays qui, tels que la Scythie et l'Inde, ne leur étaient presque connus que de nom, surtout avant l'expédition d'Alexandre.

En Afrique, ils ne connaissaient bien que les côtes de la Méditerranée, et quelle que soit la réalité du voyage des Phéniciens autour de cette partie du monde, leurs explorations s'étaient arrêtées, comme on l'a vu, à l'E., au cap *Prasum*, à l'O., aux environs du Sénégal (*Daradus*)? et aux *îles Fortunées* (les Canaries). Quant à l'*Amérique*, dans laquelle quelques auteurs ont voulu voir l'*Atlantide* de Platon, il est bien certain qu'elle leur fut toujours entièrement inconnue.

166. DIVISIONS ANCIENNES DE CHAQUE PARTIE DU MONDE. — Les anciens divisaient le monde en 3 parties : l'EUROPE, l'ASIE et l'AFRIQUE OU LIBYE.

Ces 3 parties se subdivisaient de la manière suivante : l'Europe en 12 contrées, dont 4 au N. : *îles Britanniques, Chersonèse Cimbrique, Scandinavie, Sarmatie*; — 3 au centre : *Gaule, Germanie, Illyrie*; — et 5 au midi : *Espagne, Italie, Thrace, Macédoine, Grèce*.

L'Afrique, dont ils ne connaissaient que les côtes du Nord, était divisée en 7 grands pays : 1° l'*Égypte*, subdivisée elle-même en *Basse-Égypte* ou *Delta*, *Moyenne-Égypte* ou *Heptanomide*, et *Haute-Égypte* ou *Thébaïde*; 2° l'*Éthiopie*; 3° la *Libye*; 4° la *Cyrénaïque*; 5° l'*Afrique propre*; 6° la *Numidie*; 7° la *Mauritanie*.

L'Asie, théâtre des luttes les plus mémorables de l'antiquité et mère des premiers empires, peut être divisée en *Asie Mineure* à l'O., *Asie proprement dite* au centre et au midi, et *Asie supérieure* à l'E. et au N. — L'Asie Mineure comprenait la *Mysie*, la *Lydie*, la *Carie*, la *Bithynie*, la *Paphlagonie*, le *Pont*, la *Phrygie*, la *Galatie*, la *Cappa-*

doce, la *Lycie*, la *Pamphylie*, la *Cilicie*. — L'Asie proprement dite était divisée en *Syrie, Phénicie, Palestine,* avec l'*Arabie, (Arabie Pétrée, Arabie Déserte* et *Arabie Heureuse.*) — L'Asie supérieure contenait la *Mésopotamie*, l'*Assyrie,* la *Babylonie,* la *Médie,* la *Susiane,* la *Perse propre* ou *Perside,* la *Parthiène,* la *Bactriane,* la *Carmanie,* la *Gédrosie,* les *Indes,* partagées en Indes en deçà et au delà de *l'Indus,* et Indes en deçà et au delà du *Gange,* enfin, à l'O. s'étendait la *Sérique*, et au N. les contrées peu connues de la *Scythie,* en deçà et au dela de l'Imaüs.

167. GÉOGRAPHES ANCIENS. — Les connaissances géographiques se sont développées lentement dans le monde ancien, alors que les mœurs farouches des premiers peuples, jointes à la difficulté presque insurmontable des communications, retenait chaque homme sur les terres où il était né. — Avec les peuples commerçants purent donc seulement commencer les études géographiques. Tyr et Sidon et leurs colonies, entre autres la puissante Carthage, durent les premières posséder quelques notions propres à guider les courses aventureuses de leurs marins. Mais rien, si ce n'est le souvenir du *Périple d'Hannon,* Carthaginois à peu près contemporain d'Hérodote, qui aurait exécuté un voyage sur les côtes occidentales de l'Afrique, n'est parvenu jusqu'à nous. — Les premiers documents nous viennent des Hébreux, qui, héritiers, au moins en partie, de la science des Égyptiens, nous ont conservé les plus anciennes notions géographiques recueillies chez ces derniers et chez les autres peuples, leurs voisins, Phéniciens et Arabes.

Après eux, les Grecs et les Romains nous ont transmis leurs observations. — *Homère,* dans ses poëmes, examine les premières découvertes; il décrit une partie des côtes de la Méditerranée et trace, pour ainsi dire, dans sa description du bouclier d'Achille, une sorte de Mappemonde dont la partie orientale seule est réelle. — Le voyage des Argonautes fut un premier voyage d'exploitation vers les rives de la mer Noire. — *Anaximandre de Milet* trace la première mappemonde. — Après lui, *Hérodote d'Halicarnasse* (cinquième siècle avant J.-C.), exécute de nombreux voyages, et dans son admirable histoire, il fait entrer toutes les notions qu'il a recueillies. Il divise le monde en deux parties : d'abord l'Europe, où il connaît la Grèce avec ses îles, l'Épire, la Thrace, l'Illyrie, l'Italie, les pays des Lyguriens, des Celtes, ainsi que l'Ibérie ou Grande-Hespérie, qui borne ses connaissances à l'O., tandis que le pays des Scythes et la mer Caspienne les bornent à l'E. La seconde partie est l'Asie, où il connaît l'Asie Mineure et une partie de l'Asie centrale; mais il y joint l'Égypte et la Libye. *Ératosthène* fera plus tard connaître une troisième partie du monde répondant à l'Afrique. — *Aristote* vient ensuite; il reconnaît la forme sphérique de la terre, et inspire le goût des études géographiques à Alexandre le Grand, qui, accompagné d'ingénieurs dans sa grande expédition, fait recueillir de nombreux matériaux, augmentés encore par les explorations de *Néarque* le long des côtes de la Perse. *Thucydide*, *Xénophon* (quatrième siècle avant J.C.), *Polybe* (troisième siècle avant J.C.), dans leurs histoires, et même *Hipparque* (140 ans avant J.-C.), de l'école d'Alexandrie, ajoutèrent quelque chose aux connaissances plutôt par les descriptions que par de nouvelles découvertes.

Mais les plus grands progrès appartiennent aux Romains : les ténèbres se dissipent peu à peu devant les conquêtes de leurs armées. César décrit la Gaule, et Germanicus longe la vallée du Danube. — *Strabon* (50 ans avant J.C.), profitant de ces découvertes, écrit en grec un précieux ouvrage, vaste dépôt de ses connaissances et de celles de ses prédécesseurs; mais à peine terminée, son œuvre est incomplète, car les Romains, avançant toujours, ont tourné la Chersonèse Cimbrique et pénétré jusqu'au golfe de Finlande. — Quelques années plus tard, Agricola parcourt la Grande-Bretagne, et sa flotte en fait la circumnavigation. *Pline l'Ancien* (23 ans après J.C.) donne sur les pays connus à son époque des notions étendues mais souvent erronées, surtout en ce qui se rapporte aux contrées éloignées, et *Pomponius Méla* trace, à la même époque, des descriptions élégantes mais qui pèchent également du côté de l'exactitude. *Ptolémée* (135 ans après J.C.), élevant la géographie à la hauteur d'une science mathématique, donne les notions les plus complètes que nous aient fournies les anciens. Elles sont vers la même époque augmentées par l'*Itinéraire de l'empereur Antonin* (138 ans après J. C.) recueil d'anciens et de nouveaux tableaux de route, qui offre de précieux renseignements sur l'empire romain et sur les distances qui séparaient les villes entre elles.

Une autre carte, découverte plus tard, appelée *Table de Peutinger*, du nom de celui qui la trouva, et que l'on croit faite vers l'époque de Théodose, complète, avec les écrits de

Pausanias sur la Grèce, la somme des connaissances géographiques des anciens dont l'étendue et les limites sont données au commencement de ce chapitre.

QUESTIONNAIRE. — 165. Faites connaître les limites du monde connu des anciens. — Où s'arrêtèrent leurs connaissances en Europe?... en Asie?.. en Afrique? — 166. Comment les Anciens divisaient-ils le monde ? — Comment subdivisaient-ils l'Europe ?.... l'Afrique?... l'Asie ? — 167. Quels furent les premiers peuples qui possédèrent et nous transmirent des notions géographiques ? — A quelle époque les connaissances furent-elles augmentées rapidement ? — Faites connaître les plus célèbres géographes grecs, et l'état des connaissances à leur époque ? — Quels sont les historiens qui ont transmis des notions géographiques ? — A quelle époque appartiennent les découvertes les plus considérables ? — Quel géographe mit à profit les connaissances acquises par suite des conquêtes romaines? — Faites connaître les géographes qui ont succédé à Strabon. — Quel est le géographe le plus complet de l'antiquité ? — Faites connaître les cartes qui nous ont été transmises par les Anciens.

CHAPITRE NEUVIÈME.

HISTOIRE DE LA GÉOGRAPHIE DEPUIS LE MOYEN AGE JUSQU'AUX TEMPS MODERNES.

SOMMAIRE.

168. Au moyen âge, après les travaux de Cosmas qui donne quelques indications sur les Indes, les Arabes seuls fournissent des documents géographiques. Massoudi fait connaître l'Afrique, Édrisi parle de la Russie, et prolonge l'Afrique au S. E. jusqu'à Madagascar. Aboul-Féda donne un livre méthodique, et Ebn-Batouta traverse l'Afrique du N. au S. et de l'E au N. O. Enfin, Léon l'Africain donne une description de l'Afrique. D'un autre coté, les Norvégiens explorent les cotes de la Prusse, du Danemark et de la Scandinavie. Puis, ils vont en Irlande, en Islande et jusqu'au Groenland. Le plus célèbre voyageur est Marco-Polo, qui va jusqu'en Chine, 1271-1297. A la fin du moyen âge, les Portugais découvrent sur la côte d'Afrique les Canaries, doublent le cap Bajador, parviennent aux Açores, atteignent le cap Blanc et enfin le cap Vert, 1447. Les Dieppois prétendent les y avoir précédés de près d'un siècle.

169. Au commencement du quinzième siècle, l'Europe est connue en entier, moins le N. E. L'Asie a été parcourue, moins le N. totalement inconnu ; l'Afrique n'a pas été vue au delà de l'équateur.

170. Les progrès marchent rapidement à la fin du quinzième siècle et pendant le seizième. — Les Portugais suivent la côte de l'Afrique, doublent le cap de Bonne-Espérance, et parviennent aux Indes qu'ils parcourent. Ils reconnaissent les principales îles voisines de l'Asie et arrivent à la Chine. — Les Espagnols découvrent l'Amérique, et prennent pied sur tout le nouveau continent. Le Brésil, le Mexique, le Pérou, sont découverts et conquis. Les Français s'établissent au Canada, les Anglais à Virginie. Au N. de l'Europe, le

Spitzberg est découvert; enfin la Sibérie est donnée à la Russie. — Au dix-septième siècle, les Hollandais et les Anglais pénètrent dans l'océan Glacial; les premiers doublent le cap Horn. — A partir de cette époque, les grandes découvertes étant faites, on a dû chercher à les utiliser, et de nombreux voyages furent faits jusqu'à ce jour pour achever de réunir toutes les notions que réclament la science et les intérêts commerciaux. Aujourd'hui, sauf les contrées polaires, le centre de l'Afrique, quelques contrées du centre de l'Amérique méridionale et de l'Asie orientale où l'on n'a pu pénétrer que rarement, la géographie a reconnu toute la surface du globe.

171. Les principaux navigateurs sont : Barthélemy Diaz, qui découvre le cap de Bonne-Espérance; Vasco de Gama, qui le double et va aux Indes; Christophe Colomb, qui découvre l'Amérique; Cabral, Cortez, Pizarre qui s'établissent au Brésil, au Mexique et au Pérou; Magellan qui commence le premier voyage autour du monde, achevé par Cano; Pedro d'Andrada, Fernando Perez qui arrivent en Chine. — Barough, Frobisher et Davis parcourent l'océan Glacial au seizième siècle. Hudson et Baffin les imitent au dix-septième siècle. — Schouten et Lemaire doublent le cap Horn.

172. Au dix-huitième siècle s'exécutent les voyages autour du monde de Bougainville, Cook, La Pérouse, d'Entrecasteaux. Béhring découvre le détroit de son nom. Au dix-neuvième siècle, les voyages les plus importants sont ceux de Freycinet, de Kotzebue, de Duperré, de Dumont d'Urville autour du monde; des deux Ross et de John Franklin au N. de l'Amérique et de Mac More, qui découvre le passage au N. de l'Amérique.

168. PROGRÈS DE LA GÉOGRAPHIE AU MOYEN AGE. — Lorsque l'ancienne civilisation a disparu avec l'empire romain sous les flots des invasions barbares, presque seul au sixième siècle, *Cosmas* élabore un système géographique qui se rapproche de celui d'Homère; il donne quelques détails nouveaux sur les Indes. Après lui, la science passe aux Arabes. Au dixième siècle, les écrits de *Massoudi* (*Mas'oudy*), savant de Bagdag, donnent des détails curieux sur l'Afrique, l'Inde et l'Asie moyenne qu'il avait explorées lui-même. Au douzième siècle, *Édrisi*, le géographe nubien, fait pour le roi de Sicile, Roger II, un travail dans lequel il parle de la Russie, dans le N. de l'Europe; il indique l'étendue de l'Afrique au S. et la termine par *Madagascar*. Au quatorzième siècle, *Aboul-Féda* donne une géographie méthodique fixant les contrées d'après un ordre régulier, suivant les climats et indiquant la longitude et la latitude. *Ebn-Batouta*, intrépide voyageur, traverse deux fois l'Afrique du N. au S. et de l'E. au N. O., visite Ten-Boctoue, et publie une relation dont des voyages modernes ont prouvé en grande partie l'exactitude. Enfin, *Léon* l'Africain donne au quinzième siècle une description de l'Afrique, qui lie la géographie du moyen âge à la géographie moderne.

D'un autre côté, pendant le moyen âge, les Norvégiens ont parcouru les côtes des régions septentrionales, de la Prusse, du Danemark et de la Scandinavie. Au neuvième siècle, ils découvrirent les îles *Fœroer*, et bientôt après l'*Islande*; de là, ils vont au dixième siècle découvrir le *Groenland* et le *Vinland*, autre partie de l'Amérique (peut-être *Terre-Neuve*). Des voyages en Asie, faits aux douzième et treizième siècles par *Benjamin de Tudèle*, *Ascelin*, le franciscain *Carpin* et le cordelier brabançon *Rubruquis*, donnèrent quelques détails sur les pays conquis par les Mongols; les deux derniers explorèrent surtout les pays de la mer Caspienne et du Volga. Mais de tous les voyageurs du moyen âge, le Vénitien *Marco-Polo* est de beaucoup le plus célèbre. Ses voyages qui embrassent une période de vingt six ans (1271-1297), lui firent connaître les pays de l'Asie orientale jusqu'à la Chine et aux îles de la Sonde.

L'Anglais *Mandeville* accomplit au quatorzième siècle un voyage curieux dans les contrées du Levant; mais à cette époque, le but des explorations se porte tout à coup vers l'O.; les Vénitiens et les Génois, dont la marine se développait rapidement, entrent dans la voie des découvertes, tracent des cartes et commencent les grands voyages maritimes en envoyant les frères *Zeni* relever les découvertes des Norvégiens au Groënland et au Vinland.

Les côtes occidentales de l'Afrique commencèrent à cette époque à attirer les explorateurs. Déjà les Français avaient ouvert la route en retrouvant les îles *Canaries* (probablement les *îles Fortunées* des anciens), assez voisines de la côte d'Afrique, et où ils s'étaient laissé supplanter par les Espagnols, lorsqu'un événement, amené par les pirateries des corsaires du N. de l'Afrique, donna en quelque sorte le signal des grandes découvertes dans cette partie du monde.

— Ceuta, port fortifié sur la côte méridionale du détroit de Gibraltar, servait de refuge à ces pirates qui infestaient les côtes voisines de l'Espagne et du Portugal. Une flotte sortie de ce dernier pays vengea ces dévastations en s'emparant de Ceuta en 1415 : ce fut ainsi que les Portugais mirent le pied sur cette terre dont ils devaient avant la fin du siècle achever la circumnavigation. Cependant un préjugé, généralement répandu à cette époque, et qui faisait craindre aux marins d'être métamorphosés en nègres par l'ardeur du soleil, s'ils s'avançaient jusque sous la zone torride, et les difficultés qu'opposaient à la navigation les rochers et les courants dangereux des environs du cap *Bojador*, situé vers le milieu de la côte du grand désert de *Sahara*, empêchèrent longtemps les navigateurs de pousser leurs découvertes au delà du cap. Ils s'en dédommagèrent par celles qu'ils firent dans les îles situées à l'O. de cette partie du monde. En 1418, les Portugais découvrirent, *Puerto santo*, petite île située au S. O. du détroit de Gibraltar; l'année suivante, ils occupèrent *Madère*, île plus importante, située au S. O. de la précédente, et découverte par un vaisseau anglais en 1344. Elle avait déjà, en 1453, une population assez importante pour posséder un évêché établi dans la ville de *Funchal*, sa capitale. Enfin ces mêmes Portugais reconnurent, de 1432 à 1450, tout le groupe des *Açores*, situé vis-à-vis des côtes du Portugal, mais à une distance de près de 1,500 kilomètres dans l'océan Atlantique.

Déjà cependant, un autre navigateur portugais, *Gilianez*, excité par les encouragements du prince Henri de Portugal, était parvenu, en 1434, à franchir la barrière si longtemps redoutée du cap Bojador. Il reconnut la partie méridionale de la côte du *Sahara*, et y fit prisonniers quelques nègres. D'autres navigateurs de la même nation marchèrent sur ses traces, et, découvrirent successivement : l'embouchure du *Rio de Ouro*, ou rivière d'or, ainsi nommée de la poudre d'or qui y fut offerte pour la première fois par les naturels pour la rançon des prisonniers qu'on leur avait faits; puis, en 1443, le cap *Blanc* et les îles d'*Arguin*; en 1445 et 1447, l'embouchure du *Sénégal*, et le cap *Vert*, ainsi nommé des beaux arbres qui le couvraient. Ce cap, qui forme la pointe la plus occidentale de l'Afrique, fut doublé à son tour; de sorte qu'à la fin du moyen âge, les Portugais étaient parvenus sur la côte de *Guinée*.

Nous devons, pour mémoire, ajouter ici que le mérite de ces découvertes est contesté aux Portugais par une des cités maritimes les plus célèbres de la France. Les *Dieppois* prétendent avoir fait à la côte de Guinée, dès l'an 1367, un commerce très-lucratif, auquel ils associèrent même par la suite les habitants de *Rouen*.

169. ÉTAT DES CONNAISSANCES GÉOGRAPHIQUES AU COMMENCEMENT DU QUINZIÈME SIÈCLE. — Au commencement des temps modernes, les connaissances géographiques sont encore peu avancées. L'Europe n'est pas connue en entier, le N. E. est resté sans explorateur. En Asie, les provinces du S. ont été parcourues, et on connaît de nom au moins la Chine et le Japon, mais tout le N. est resté dans l'obscurité. En Afrique, on n'avait pas dépassé l'équateur au S. ni les Canaries à l'O. Enfin, en Amérique, les colonies des Norvégiens avaient été oubliées, et ne furent retrouvées que plus tard.

170. Progrès des connaissances pendant les temps modernes. — Depuis le commencement des temps modernes, les découvertes ont marché plus rapidement de jour en jour, après l'invention de la boussole, à mesure que les moyens de communication se sont perfectionnés et que l'instruction, se répandant de plus en plus, a détruit les superstitions et les préjugés qui avaient si souvent arrêté les entreprises des navigateurs.

Les côtes occidentales de l'Afrique, explorées par les Portugais, furent complétement reconnues, et le cap de *Bonne-Espérance* doublé avant la fin du quinzième siècle. Bientôt la route des Indes fut trouvée par le S. de l'Afrique (n° 171), et les côtes méridionales de l'Asie virent de nombreux explorateurs achever, pendant le seizième siècle, les découvertes commencées précédemment. La Chine, les archipels de la Sonde et les Moluques furent exactement visités, ainsi que la Nouvelle-Guinée. En même temps, on aperçut la terre nommée plus tard Nouvelle Hollande. Vers l'O., des découvertes non moins considérables avaient signalé la même époque. Les Espagnols avaient découvert l'Amérique, qu'ils nommèrent les Indes occidentales. Le premier voyage autour du monde fut fait au commencement du seizième siècle.

Pendant ce siècle, si fécond pour la science, tous les points principaux du grand continent américain eurent des explorateurs. Le Brésil est découvert, bientôt le Mexique et le Pérou sont conquis, les Français s'établissent dans le Canada, et les Anglais, après avoir parcouru les côtes occidentales, forment un établissement à la Virginie. Sur d'autres points, la science marche également : les Hollandais pénètrent dans l'océan Glacial et reconnaissent le Spitzberg, et la Sibérie est donnée à la Russie par le Cosaque *Iermak* qui en fait la découverte et la conquête.

Pendant le dix-septième siècle, les découvertes ne sont pas nombreuses : les Hollandais et les Anglais pénètrent dans l'océan Glacial Arctique; les premiers doublent le cap Horn à l'autre extrémité du globe. — A partir de cette époque, les explorations ont pour but, non plus de découvrir des terres inconnues, mais bien de régulariser les notions acquises. Aussi, le dix-huitième et le dix-neuvième siècle voient-ils un grand nombre de voyages d'exploration, mais non plus de découvertes. Alors, surtout, la science fait de rapides progrès, grâce aux travaux qui de toutes parts sont entrepris par les savants, qui recueillent et mettent en ordre les documents fournis par les voyageurs. Aujourd'hui, à l'exception des contrées polaires, où les glaces ne permettent pas de pénétrer, à l'exception de l'Afrique centrale et de quelques contrées du centre de l'Amérique méridionale et de l E. de l'Asie, qui n'ont été que rarement visitées, le globe terrestre est connu, et la géographie peut en donner une description complète.

171. NAVIGATEURS LES PLUS CÉLÈBRES. — RÉSUMÉ DE LEURS PRINCIPALES DÉCOUVERTES. — Les Portugais, qui ont donné l'élan aux découvertes maritimes, nous offrent naturellement les premiers navigateurs : *Barthélemy Diaz* découvre le cap de Bonne-Espérance en 1486 ; *Vasco de Gama* le double en 1498 et découvre la route des Indes Occidentales. Après les Portugais, les Espagnols sont entrés dans la carrière des découvertes ; *Christophe Colomb* découvre l'Amérique en 1492. Dans un premier voyage, il ne touche d'abord que les Antilles, mais à son troisième voyage il aborde au continent. *Cabral*, touche au Brésil avant la fin du quinzième siècle. Au seizième siècle, les noms des voyageurs illustres se pressent en grand nombre : *Cortez* découvre et soumet le Mexique ; *Pizarre* s'empare du Pérou (voir notre *Hist. des temps modernes*, chap. VIII, § II) ; *Magellan* découvre, en 1540, le détroit qui porte son nom et meurt après avoir pénétré dans l'Océan par le S. de l'Amérique, mais *Cano*, son successeur, ramène son vaisseau en Espagne après avoir exécuté le premier voyage autour du monde.

Pedro d'Andrada et *Fernando Perez* arrivent à la Chine, et d'autres Portugais arrivent au Japon en 1542.

Les Anglais cherchent au N. un passage pour aller aux Indes, *Barough*, *Frobisher* et *Davis* pénétrèrent dans les glaces de l'océan Arctique sans parvenir à découvrir le passage. *Hudson* et *Baffin* continuent les recherches au dix-septième siècle. Les Hollandais *Schouten* et *Lemaire* doublèrent le cap Horn et traversèrent le Grand Océan.

172. NOTIONS SOMMAIRES SUR LES PRINCIPAUX

VOYAGES AUTOUR DU MONDE. — Au dix-huitième siècle, les voyages autour du monde deviennent nombreux. Les plus célèbres et les plus importants sont : les voyages du Français *Bougainville* (1766-1769), les trois voyages de *Cook*, de 1768 à 1779 (voir notre *Histoire des temps modernes*, chap. XXXIV), ceux de *la Peyrouse* et de *d'Entrecasteaux*, de 1785 à 1791. Ces explorations firent particulièrement connaître les nombreux archipels de l'Océanie. *Béhring* avait découvert en 1728 le détroit qui porte son nom.

Le dix-neuvième siècle a vu se continuer les travaux commencés précédemment. Les plus importants, parmi les voyages les plus récents, sont ceux exécutés par *Freycinet* à la Nouvelle-Hollande, puis autour du monde ; ceux du Russe *Kotzebue*, de *Duperré* autour du monde, les trois voyages de *Dumont d'Urville* à la recherche des restes de La Peyrouse, sur les mers du Sud et dans l'océan Glacial ; enfin les investigations des deux *Ross* et de *John Franklin* sur les passages au N. de l'Amérique. Ce dernier a péri dans son voyage entrepris en 1845, et le passage qu'il cherchait a été découvert, en 1853, par *Mac-Clure*, aidé par les travaux de *Belcher*, d'*Englefild* et de *Bellot*, envoyés à la recherche du navigateur perdu.

QUESTIONNAIRE. — 168. Quel est le premier géographe européen au moyen âge ? — A quel peuple appartiennent les principaux géographes de cette époque ? — Citez-les et faites connaître leurs découvertes. — Quelles découvertes furent faites par les Norvégiens ? — Faites connaître les voyages de Carpin et de Rubruquis. — Indiquez ceux de Marco-Polo. — Quelles furent les découvertes des Portugais sur la côte d'Afrique ? — Quels marins les avaient précédés à la côte de Guinée ? — 169. Quel était l'état des connaissances géographiques au commencement du quinzième siècle ? — 170. Indiquez les découvertes des Portugais pendant les temps modernes. — Quelles furent les découvertes des Espagnols ? — Où les Français et les Anglais s'établirent-ils ? — Qui découvrit le Spitzberg ? — Comment la Russie acquit-elle la Sibérie ? — Indiquez les progrès de la géographie pendant le dix-septième et le dix-huitième siècle. — Quel est l'état des connaissances au dix-neuvième siècle ? — 171. Quels sont les navigateurs les plus célèbres du quinzième et du seizième siècle ? — Par qui fut exécuté le premier voyage autour du monde ? — Quels navigateurs arrivèrent à la Chine et au Japon ? — Quels marins recherchèrent le passage du nord de l'Amérique ? — 172. Quels sont les principaux voyages entrepris au dix-huitième siècle ? — Faites connaître les voyages les plus remarquables exécutés au dix-neuvième siècle.

CHAPITRE DIXIÈME.

GÉOGRAPHIE INDUSTRIELLE ET COMMERCIALE.

PREMIÈRE PARTIE.
Production.

SOMMAIRE.

173. La géographie industrielle et commerciale a pour objet l'indication des localités où ont lieu la production, la fabrication, le transport des choses utiles à l'homme.

§ Ier 174. Les productions naturelles comprennent les productions alimentaires et les productions industrielles. Les céréales proviennent principalement de la Russie méridionale, Pologne, provinces danubiennes, États-Unis ; la France ne produit guère au delà de sa consommation ; le riz provient de l'Italie et surtout des contrées chaudes d'Asie, d'Afrique et d'Amérique.

175. Le pays le plus favorisé pour la production des vins est la France puis l'Allemagne méridionale, la Hongrie, l'Espagne et le Portugal, l'Italie, Chypre.

176. La canne à sucre vient en Asie et en Amérique ; la betterave produit le sucre en Europe ; l'olivier fournit l'huile dans les régions qui entourent la Méditerranée ; le colza d'Europe, le sésame d'Égypte, la graisse de baleine des mers boréales donnent des huiles industrielles. Le café provient d'Arabie, des Antilles, de Bourbon, des îles de la Sonde ; le thé, de la Chine et du Japon ; le cacao, des Antilles ; les épices, des îles de la Malaisie ; le tabac, de l'Amérique centrale et de l'Europe tempérée ; le sel, des rivages bas et unis de toutes les mers et des mines de France, d'Allemagne, etc.

177. La production animale, abondante en Danemark, en Angleterre, en Allemagne, en Suisse, est insuffisante en France. Les bestiaux sont innombrables dans les pampas de l'Amérique du Sud. L'Atlantique, aux environs de Terre-Neuve, produit la morue pour la salaison ; dans les régions tempérées et septentrionales, le hareng et le maquereau.

§ II. 178. Le combustible principal est la houille qui provient surtout de l'Angleterre, de la Belgique, des États-Unis, de l'Allemagne, de la France ; la tourbe abonde en Hollande et en Allemagne ; les bois de chauffage se trouvent partout.

179. Les bois de charpente sont en quantités considérables en Russie, Allemagne, Suède, Norvège, Suisse. Les marbres proviennent surtout d'Italie, d'Espagne, des Pyrénées, de Grèce.

180. La France, la Russie, l'Allemagne, mais surtout l'Angleterre et la Suède, sont riches en fer. L'or vient surtout de la Californie, de l'Australie, de l'Amérique équinoxiale, de la Guinée, de l'Oural ; l'argent, de l'Amérique méridionale, de l'Allemagne ; le cuivre, de l'Angleterre, de la Suède, de la Russie, de l'Allemagne, etc. ; l'étain

de l'Angleterre, de l'Asie, de l'Océanie; le plomb, de l'Angleterre, de l'Allemagne, de l'Espagne, de l'Amérique; le zinc, de la Belgique, de l'Angleterre, etc.; le platine, de l'Oural.

181. Le coton vient de l'Amérique centrale, de l'Asie méridionale, de l'Égypte; la laine, des moutons d'Espagne, d'Angleterre, d'Allemagne, de France, d'Australie; le poil de chèvre, du Tibet et des pays voisins; le lin et le chanvre, de Belgique et de toute l'Europe tempérée; la soie, de l'Europe méridionale et tempérée et de la Chine.

182. Le diamant provient de l'Hindoustan, du Brésil; le corail, de la Méditerranée; l'ivoire, des éléphants d'Afrique et d'Asie; les plumes de l'autruche, d'Afrique et des oiseaux du Nord; les pelleteries, de Russie, Sibérie, Amérique du Nord; la gomme, d'Arabie et d'Afrique; le caoutchouc, d'Amérique; l'indigo, de l'Inde, etc.

173. GÉOGRAPHIE INDUSTRIELLE ET COMMERCIALE. — Dans l'état actuel de la civilisation, la puissance et la richesse des nations dépendent principalement de l'industrie et du commerce : l'industrie qui met en œuvre les productions naturelles et les approprie à tous les besoins ; le commerce qui les répand dans tous les pays pour suppléer par le superflu des uns à l'insuffisance des autres. Pour multiplier les relations des hommes entre eux et les enchaîner par un continuel échange de services réciproques, la Providence a très-inégalement réparti sur la surface du globe soit les productions nécessaires à la vie, soit les moyens de les utiliser. Les objets que fournit la nature ou *matières premières* naissent souvent dans des pays qui n'offrent aucune des conditions indispensables pour employer et transformer ces matières, et plusieurs contrées merveilleusement dotées par l'industrie doivent aller chercher au loin des aliments à leur fabrication. C'est pourquoi, le monde tout entier concourt à fois à la réalisation définitive des choses nécessaires à la satisfaction des besoins naturels ou artificiels des nations civilisées.

Pour connaître les sources principales de la richesse des peuples, il faut donc étudier la *production*, l'*industrie* ou préparation des produits, le *commerce* ou circulation de ces mêmes produits. Tel est le triple objet que le programme embrasse sous le titre de Géographie industrielle et commerciale.

§ 1ᵉʳ. NOTIONS ÉLÉMENTAIRES ET SOMMAIRES SUR LES LOCALITÉS D'OÙ PROVIENNENT LES PRODUCTIONS LES PLUS UTILES : CÉRÉALES, VINS, ETC... (PRODUCTIONS ALIMENTAIRES).

174. CÉRÉALES. — Les productions naturelles se divisent en deux grandes catégories : les *productions alimentaires* et les *productions industrielles*. Nous devons, non pas en faire une énumération détaillée et complète, mais nous borner à indiquer les localités d'où proviennent les plus importantes.

Les productions alimentaires consistent principalement dans les *céréales*, les vins, les sucres et épices, et la production animale. La céréale par excellence, le *blé* ou froment qui fournit à l'homme le plus essentiel et le meilleur de ses aliments, se produit assez inégalement dans tous les pays tempérés, et est entre eux un objet considérable d'échange. Dans les temps anciens, il était cultivé surtout sur les côtes septentrionales de l'Afrique et en Sicile, ces greniers du monde romain; aujourd'hui, les pays qui le produisent en plus grande abondance, sont la Crimée et les autres régions de la Russie méridionale. Elles en exportent tous les ans des quantités prodigieuses, embarquées à Odessa pour plusieurs contrées d'Europe, et spécialement pour l'Angleterre qui est loin de produire la masse de céréales nécessaire à sa consommation. Les provinces danubiennes et la Pologne sont aussi extrêmement fertiles en blé. En Amérique, les Etats-Unis en produisent également des quantités fort supérieures à leur consommation. La France produit dans les années moyennes un peu plus de blé qu'elle n'en consomme, et ce n'est que dans les mauvaises années qu'elle est obligée de recourir à l'étranger pour suppléer à l'insuffisance de sa récolte.

Les autres céréales que chaque pays produit à peu près dans la proportion de ses besoins ne jouent pas un grand rôle dans le commerce international, si l'on excepte le *riz*, cultivé avec succès dans le Piémont et la Lombardie, mais principalement et en extrême abondance, dans toutes les contrées chaudes de l'Afrique, de l'Amérique, de l'Asie surtout, où il forme la nourriture presque exclusive des Chinois et des Indiens.

Les pommes de terre, importées originairement d'Amérique et introduites seulement depuis la fin du siècle dernier dans l'alimentation habituelle de l'homme, y tiennent aujourd'hui une grande place, surtout dans les contrées septentrionales pauvres, et peu fertiles en céréales. La France en fournit des quantités assez considérables aux îles Britanniques, et spécialement à l'Irlande, où elles sont l'aliment presque unique du peuple.

175. Vins.—La production des *vins* se restreint à un nombre de localités beaucoup moindre que celle des céréales; cette circonstance, jointe à la facilité du transport, en fait un produit extrêmement avantageux pour les pays où la vigne peut être cultivée avec succès.

La France est le pays le plus favorisé à cet égard. Ses vins, qui ne sont ni trop liquoreux, ni trop légers, sont pour la plupart éminemment propres à la consommation habituelle, et rien ne remplace sous ce rapport les qualités moyennes que fournissent la Bourgogne et le Bordelais. Les vins fins de Champagne, de la Côte d'Or, des côtes du Rhône, du Roussillon, de Bordeaux, sont recherchés dans le monde entier. — La Crimée et quelques provinces du S. de la Russie s'occupent de la culture de la vigne, qui paraît y bien réussir. — L'Allemagne a ses vins du Rhin ; la Hongrie, le fameux Tokay que l'on regarde comme le premier vin de liqueur du monde : l'Espagne et le Portugal, les vins de Malaga, de Xérès, de Pacaret, de Porto. L'Italie, la Sicile, Chypre, Madère, les Canaries, le Cap (*Constance*), produisent des vins de liqueurs fort renommés.

L'Asie, l'Afrique et l'Amérique sont, pour les vins, tributaires de l'Europe, et surtout de la France.

176. Sucres et épiceries. — Si ces trois parties du monde empruntent les vins à l'Europe, elles lui ont, en revanche, fourni presque exclusivement pendant des siècles le sucre et les autres épiceries appelées denrées coloniales. La *canne à sucre*, que l'on peut à peine cultiver en Sicile, prospère dans les chaudes régions de l'Asie et de l'Amérique. Ces contrées ont toutefois perdu le monopole de la fabrication du sucre depuis que l'on est parvenu à l'extraire abondamment de la *betterave* qui croît à profusion dans toute l'Europe moyenne, et surtout dans la France et l'Allemagne. L'olivier qui fournit principalement l'*huile* destinée à nos tables, est cultivé dans le midi de la France où l'huile d'Aix est surtout recherchée ; il l'est encore dans l'Espagne, l'Italie, la Sicile, la Grèce, l'Algérie et toute l'Afrique septentrionale, la Syrie et les autres contrées de l'Asie occidentale. La noix, la faîne et les autres graines oléagineuses que produisent abondamment toutes les régions tempérées suppléent à l'insuffisance de l'olive. Les huiles industrielles sont tirées du colza, de la navette, du pavot ou œillette, cultivés en France, en Belgique, en Allemagne, en Angleterre, du sésame, précieux produit de l'Egypte et de la Syrie ; de la graisse de la baleine et des autres cétacés qui font l'objet d'une pêche active dans les mers boréales et australes.

Le *café*, dont l'usage est devenu universel, nous est fourni par l'Arabie, qui a donné au plus estimé de ses produits le nom de *moka* ; par les îles de la Sonde, et surtout Java, par l'île de la Réunion (Bourbon), par la Jamaïque, par la Martinique, la Guadeloupe et les autres Antilles. — Les mêmes îles et l'Amérique centrale fournissent le *cacao* avec lequel se fabrique le chocolat.

La Chine et le Japon expédient le *thé*, dont l'Angleterre et l'Amérique font une grande consommation.

La *cannelle*, le *poivre* et les autres *épices* proprement dites viennent principalement des Moluques, des Célèbes, et autres îles de la Malaisie et du sud-est de l'Asie.

Le *tabac*, dont la feuille est devenue l'objet d'un immense commerce, provient originairement de l'Amérique centrale et spécialement des Antilles, où la Havane lui doit une renommée toute spéciale ; il est maintenant cultivé dans plusieurs départements de France, dans toute l'Europe centrale et méridionale et dans l'Algérie.

Le sel, cet assaisonnement indispensable de tous nos aliments, se tire des eaux de la mer sur tous les rivages, qui, comme ceux de l'ouest de la France et du Portugal, présentent des plages unies et en pente douce où les eaux salées arrivent, s'étendent et s'évaporent facilement. Il se trouve également en blocs immenses dans les mines de sel gemme abondantes surtout en Lorraine, en Franche-Comté, en Allemagne, en Pologne. Les habitants de quelques contrées centrales de l'Asie le tirent des grands lacs salés que renferme leur pays.

177. PRODUCTION ANIMALE. — La production animale, qui tient après les céréales la première place dans l'alimentation de l'espèce humaine, est souvent peu en rapport avec les besoins des populations. Tandis qu'un grand nombre d'États européens sont largement pourvus de bestiaux, d'autres se trouvent dans un état d'infériorité fâcheuse, que le perfectionnement de l'agriculture doit tendre sans cesse à combattre. La France, malgré les ressources infinies de son sol, tient à cet égard un des derniers rangs parmi les nations d'Europe. Tandis que le Danemark possède cent têtes de gros bétail, et la Suisse plus de quatre-vingts par cent habitants, la France n'en a que vingt-neuf (1).

La production animale la plus considérable, est celle de l'Amérique méridionale où des troupeaux innombrables errent dans les immenses plaines (Pampas) de la Plata et de l'Uruguay, et fournissent à la salaison des ressources inépuisables.

Les poissons salés, qui, après la chair des bestiaux, tiennent la plus grande place dans la nourriture animale et sont l'objet de commerce le plus important sont : la morue, qui se trouve dans les mers voisines de Terre-Neuve ; le hareng et le maquereau qui se pêchent dans toute la partie tempérée et septentrionale de l'Atlantique. Toutes les nations maritimes et spécialement les Hollandais, les Anglais et les Français en font un grand commerce.

---

(1) Voici, du reste, le tableau de la richesse relative des divers États européens en espèces bovine et porcine.

BŒUFS, VACHES, VEAUX.	Têtes de gros bétail.
Le Danemark possède par 100 habitants	100
La Suisse	85
Le Wurtemberg	71
L'Écosse	62
L'Autriche	53
La Lombardie	50
La Sardaigne	46
La Hollande	45
Le Hanovre	40
Le grand-duché de Bade	39
La Saxe	35
La Prusse	35

§ II. NOTIONS ÉLÉMENTAIRES ET SOMMAIRES SUR LES LOCALITÉS D'OÙ PROVIENNENT LES FERS, HOUILLES, BOIS DE CONSTRUCTION, COTONS, ETC...

178. COMBUSTIBLES. — Les productions industrielles peuvent se diviser en trois classes principales. Les *combustibles*; les *matériaux de construction*; les *matières destinées à la fabrication*.

Les combustibles réservés jusqu'à ces derniers temps en grande partie aux usages domestiques, ont acquis une excessive importance industrielle depuis que l'application de la vapeur aux machines a créé le plus puissant des moteurs.

La *houille*, ou charbon de terre, qui, sous un faible volume, produit en brûlant une chaleur intense, est le combustible industriel par excellence, et c'est de sa production abondante que dépend aujourd'hui la supériorité manufacturière. C'est l'Angleterre (surtout Newcastle), et après elle, la Belgique (Mons et Charleroi), qui sont les pays d'Europe les plus favorisés sous ce rapport. Après elles viennent l'Allemagne et la France qui ont aussi des bassins houillers d'une grande richesse. Les États-Unis ont d'abondantes mines de charbon de terre dont les produits ont singulièrement favorisé le rapide accroissement de leur richesse. Le bois et le charbon de bois, employés principalement pour le chauffage usuel, sont d'un grand usage et préférables à celui de la houille pour la fabrication du fer. — La tourbe, combustible de qualité inférieure, offre cependant de grandes ressources, à défaut de bois et de houille, aux habitants de la Hollande et d'une partie de l'Allemagne.

179. MATÉRIAUX DE CONSTRUCTION. — Les matériaux de construction consistent dans les bois et la pierre. La Russie, l'Allemagne tout entière et la Suisse sont les pays européens

L'Angleterre	33
Les Provinces Rhénanes	33
Les Pays-Bas	33
La France	29

PORCS.

L'Angleterre, par 100 habitants	33
Le grand-duché de Bade	31
L'Espagne	29
La Sicile	29
La Hollande	25
La Bavière	19
La Hongrie	18
L'Irlande	15
La Prusse	15
Les Pays-Bas	15
La Suède	14
La France	14

les plus riches en *bois* de charpente, chêne, pin, sapin, châtaignier, etc. La Suède et la Norvège surtout fournissent abondamment à toute l'Europe ces beaux sapins si précieux pour les constructions en général et surtout pour les constructions navales, et dont Drammen, en Norvège, est l'entrepôt le plus important. La France méridionale, l'Espagne et l'Afrique du Nord produisent le chêne-liége. L'Amérique équinoxale envoie l'acajou et les bois des îles si recherchés par l'ébénisterie.

Si les bois de construction peuvent être avantageusement un objet de commerce maritime, la difficulté de transport retient dans chaque contrée les pierres destinées à la construction, excepté celles auxquelles leurs qualités précieuses donnent une valeur particulière. Tels sont les *marbres*, dont les plus beaux viennent d'Italie et d'Espagne, des Pyrénées, de Grèce, de Belgique, et de quelques parties de l'Allemagne. Depuis que les progrès de l'industrie ont permis de fabriquer le fer à bon marché et de le travailler facilement, il est devenu d'un emploi fréquent dans les constructions terrestres et navales, où sa solidité sous un petit volume, présente de grands avantages.

180. Fers et métaux divers. — Les matériaux destinés à l'industrie présente une variété infinie.

Au premier rang, il faut placer les fers et les autres métaux qui alimentent les usines les plus considérables. Le *fer*, qui bien plus que l'or et le diamant fait la vraie richesse des peuples, est surtout abondant et de qualité supérieure en Angleterre et en Suède. Les mines de Suède fournissent le meilleur fer pour la fabrication de l'acier. La France, la Russie, l'Allemagne ont aussi de riches mines de fer, et celles du Harz, entre la Saxe et l'Autriche, sont fort renommées.

L'*or*, que l'on a récemment trouvé en quantités prodigieuses dans la Californie et l'Australie, existe encore, mais moins abondamment, dans les mines du Mexique, du Pérou, du Chili, du Brésil, et dans les flancs des montagnes de l'Inde. Les côtes de Guinée fournissent beaucoup de poudre d'or. L'empire de Russie exploite en Europe et en Asie les mines d'or importantes des monts Ourals et de la Sibérie; l'empire d'Autriche, celles de la Hongrie.

L'*argent*, auquel le Rio de la *Plata* doit son nom, se trouve en abondance dans la contrée qui avoisine ce fleuve et dans une grande partie de l'Amérique méridionale; il existe dans l'Europe en plus grande quantité que l'or, principalement dans la Saxe (mines de Freiberg, etc., qui donnent à elles seules plus du quart de ce que produit toute l'Europe), dans le Hanovre (mines du Harz, de Klausthal), en Norvège (mines de Buckerad) et en Hongrie.

Le *cuivre*, dont la France est peu fournie, se tire surtout de la Norvège, de la Russie, de l'Angleterre, de l'Allemagne. L'Afrique, l'Asie orientale et l'Amérique, surtout au Chili, en sont généralement pourvues.

L'*étain*, qui était dans les temps reculés l'objet d'une exploitation si active dans le Cornouailles et les Sorlingues (Cassitérides), s'exploite encore en Angleterre, en Espagne. Il est surtout abondant dans l'Asie orientale et quelques îles de l'Océanie.

Les plus riches mines de *plomb* connues en Europe sont celles de Kremnitz, en Hongrie; on en trouve également dans plusieurs autres parties de l'Allemagne, en Angleterre, en France, et principalement dans l'Amérique du Nord.

Le *zinc*, qui a récemment conquis une place très-importante dans l'industrie métallurgique, provient de mines abondantes en Belgique (Vieille-Montagne), en Angleterre, en Allemagne.

Le *platine*, le plus lourd et le plus inaltérable des métaux, vient surtout des mines de l'Oural.

Le *mercure* est fourni principalement par l'Espagne et l'Allemagne en Europe, et par plusieurs contrées d'Amérique; — le *soufre*, par la Sicile, l'Italie méridionale, l'Islande et les pays volcaniques.

181. Coton, Laine, Soie, etc. — L'industrie des tissus, dont l'importance balance celle de la métallurgie, est alimentée en première ligne par le *coton*, qui est cultivé, sur une petite échelle, en Sicile et dans l'Algérie, mais qui est produit en quantités énormes par la partie méridionale des Etats-Unis, le Mexique, les Antilles et toute l'Amérique équinoxiale, les Indes, la Chine, l'Egypte, qui fournissent à l'incalculable consommation de tous les pays tempérés.

La *laine* employée pour les tissus, variés à l'infini, depuis les plus communs, jusqu'aux plus riches, depuis la grossière couverture du marin jusqu'au cachemire et aux tapisseries les plus recherchées, la laine offre des qualités très-diverses, suivant les localités d'où elle provient. En Europe, ce sont les moutons-mérinos d'Espagne, maintenant fort multipliés en Angleterre et en Allemagne, qui fournissent les plus belles laines. La Suisse, l'Italie, la Turquie, puis la France, produisent des laines plus communes, mais abondantes; l'Australie en expédie en Europe de grandes quantités. Les chèvres du Tibet, de Cachemire, d'Angora, et de la plus grande partie de l'Inde et de la Perse donnent le poil souple, fin et soyeux qui est employé à la fabrication des plus beaux châles cachemires.

Le *lin* et le *chanvre*, matière première de tous les tissus de fil depuis la toile à voiles jusqu'à la dentelle de Valenciennes et d'Angleterre, sont cultivés dans toute l'Europe tempérée, notamment dans la Belgique, qui vient la première à cet égard, puis dans la France septentrionale, toute l'Allemagne, la Russie, l'Angleterre.

La *soie*, dont la préparation est une des principales sources de notre richesse nationale, est produite par les pays favorables au ver-à-soie et au mûrier, seule nourriture de ce précieux insecte. De la Chine, son pays d'origine, le ver-à-soie s'est répandu, vers l'époque des Croisades, dans tout l'ancien continent. Les départements du sud-est de la France, l'Italie, l'Allemagne, la Russie méridionale, l'Espagne, produisent de la soie en abondance.

182. PRODUCTIONS NATURELLES ET INDUSTRIELLES DIVERSES. — Parmi les autres productions naturelles et industrielles les plus importantes, nous nous bornerons à signaler : les pierres précieuses, parmi lesquelles les *diamants* se trouvent principalement dans l'Hindoustan (mines de Golconde) et au Brésil. Le *corail*, produit d'un animal marin, qui se pêche surtout dans la Méditerranée et abonde dans l'océan Pacifique; l'*ivoire*, que fournissent les dents de l'éléphant dans l'Afrique et l'Asie méridionale; les *plumes* de l'autruche, qui habite l'Afrique centrale ; les fins *duvets* des oiseaux de mer, communs dans les régions septentrionales; les *pelleteries* ou fourrures de martres, d'hermines, de renards bleus, du castor, etc., qui sont en grand nombre dans l'Amérique du Nord, et dont les premiers se trouvent également en Pologne, en Russie et en Sibérie ; l'*ecaille*, dont le *caret*, tortue de l'Asie méridionale et de la Malaisie, fournit la plus belle ; la *gomme*, qui découle du tronc d'arbres, communs dans l'Afrique et l'Arabie ; le *caoutchouc* et la *gutta-percha*, que produit la séve d'arbres de l'Amérique méridionale; l'*indigo*, plante tinctoriale de l'Inde ; les *bois de teinture*, produits par l'Amérique du Sud ; la *garance*, plante tinctoriale rouge, et le *chardon a foulon*, que fournit en abondance la France méridionale.

Nous présenterons au chapitre XII, conformément aux indications du programme, l'exposé comparatif des matières premières ou productions naturelles que fournit ou reçoit notre pays.

QUESTIONNAIRE. — 173. Qu'entend-on par géographie industrielle et commerciale ? — § Ier. 174. D'où proviennent les principales céréales, le blé, le riz ? — D'où vient la pomme de terre ? — 175. Quels pays produisent les vins les plus estimés ? 176. — D'où vient la canne à sucre ?... la betterave ? — Où sont cultivées les plantes d'où l'on tire l'huile ? — D'où proviennent le café, le cacao, le thé ? — D'où tire-t-on les épices, le tabac, le sel ? — 177. Comparez les divers pays sous le rapport de la production animale. — § II. 178. Quel est le combustible industriel le plus important et d'où provient-il ? — 179. Quels pays sont les plus riches en bois de construction et autres bois ? — 180. Quels pays produisent le plus de fer ? — D'où proviennent l'or, l'argent, le cuivre, le plomb, l'étain, le zinc ? — 181. D'où sont tirés le coton, la laine, le lin, le chanvre, la soie ? — 182. Quels pays fournissent le diamant, le corail, l'ivoire, l'écaille, les plumes, les pelleteries, le caoutchouc, la gomme, etc.

CHAPITRE ONZIÈME.

GÉOGRAPHIE INDUSTRIELLE ET COMMERCIALE.

DEUXIÈME PARTIE.

Industrie. — Produits manufacturés.

SOMMAIRE.

183. La France dont Paris, Lyon, Saint-Étienne, Lille, Rouen, Mulhouse, Valenciennes, etc., sont les villes industrielles les plus importantes, tient le premier rang pour la perfection et le bon goût de ses produits fabriqués.

184. L'Angleterre, où les centres d'industrie les plus importants sont Londres, Manchester, Birmingham, Bristol, Sheffield, Glasgow, Dublin, Limerick, etc., a d'immenses manufactures de tissus de coton, de laine, de soie, de machines à vapeur, d'ustensiles de fer ou d'acier, etc.

185. En Belgique, Bruxelles, Gand, Tournai, Malines, Charleroi, sont renommées pour la fabrication des métaux, des dentelles, des toiles, etc. La Hollande produit des toiles et des fromages.

186. L'Allemagne produit les porcelaines et toiles de Saxe, verres de Bohême, métaux travaillés, ouvrages en bois, soieries; la Suisse, l'horlogerie de Genève et de la Chaux-de-Fonds, les chapeaux de paille, les soieries.

187. La Russie est en voie de notables progrès industriels; elle produit des cuirs renommés, des toiles, des objets de ferronnerie.

188. Dans l'Europe méridionale, l'industrie est active, en Italie, au sein de la Sardaigne, du royaume Lombard-Vénitien, de la Toscane, qui fabriquent des soieries, des chapeaux de paille, des instruments de musique, des armes, des cuirs. L'Espagne commence à relever son industrie.

189. L'Asie a plusieurs contrées très industrielles : la Chine et le Japon sont renommés par leurs tissus de soie et de coton, leurs porcelaines, laque, papier, entre; l'Inde anglaise fabrique une prodigieuse quantité de cotonnades; la Perse, le Thibet et les pays voisins, des cachemires; la Turquie d'Asie, des tapis, des armes, des étoffes de soie et d'or.

190. Dans l'Amérique du Nord, l'industrie est florissante seulement aux États-Unis, où Boston, New-York, Philadelphie, Baltimore, etc., fabriquent sur une grande échelle les tissus de coton et de laine, les machines à vapeur, les ustensiles de fer et d'acier, etc.

191. En Afrique, le Maroc est renommé pour la fabrication du cuir dit maroquin. L'industrie de l'Égypte commence à prendre des développements.

183. CENTRES D'INDUSTRIE LES PLUS IMPORTANTS; PRODUITS (FABRIQUÉS) PRINCIPAUX DE LA FRANCE. —

6.

La géographie industrielle de la France, déjà présentée dans la 2ᵉ partie du tome III de ce cours (nᵒˢ 69 et suivants), sera l'objet d'une étude spéciale dans le chapitre ii de la 2ᵉ partie du tome VI. Rappelons ici seulement que les grands centres de l'industrie française sont, après *Paris*, que distingue l'extrême variété autant que l'importance de ses manufactures, *Lyon* et *Saint-Étienne*, pour les soieries; *Lille, Roubaix, Tourcoing, Rouen, Tarare, Saint-Quentin*, l'*Alsace*, pour les filatures et les étoffes de coton; *Mulhouse et Rouen*, pour les toiles peintes; *Valenciennes, Caen, Alençon* et le *Puy*, pour les dentelles; *Elbeuf, Louviers, Sédan*, pour la draperie; *Beauvais, Aubusson*, pour les tapis; *Saint-Gobain*, pour les glaces; *Saint-Étienne, le Creuzot, Fourchambault*, pour la métallurgie; *Marseille*, pour les savons, etc., etc.

L'industrie française, dont les progrès rapides ont été attestés par les expositions nationales et surtout par l'exposition universelle de 1855, est parvenu à égaler et même à surpasser sous beaucoup de rapports celle des pays étrangers. Ses soieries, ses rubans, ses tapis, ses bijoux, ses draps, ses tissus, son horlogerie, ses instruments de précision et de musique, ses meubles, ses porcelaines, sont recherchés dans le monde entier, non moins à cause de leur qualité et de leur perfection, que pour le soin et le goût exquis qui président à leur fabrication.

184. Centres d'industrie ; produits manufacturés d'Angleterre. — L'Angleterre, qui est le pays du monde le plus riche en combustibles et en métaux, qui ouvre tous ses ports à la libre entrée des matières premières que ses vaisseaux vont chercher sur toutes les côtes, est aussi la contrée où l'industrie a reçu les plus grands développements ; nulle part, des machines plus nombreuses et plus puissantes, des manufactures plus multipliées et plus actives, ne fabriquent une plus grande masse de produits; nulle part, plus de routes, de canaux, de chemins de fer, ne rapprochent les produits naturels des ateliers où ils s'élaborent. *Londres* est la plus industrieuse en même temps que la plus vaste cité de l'Europe. *Manchester* est le centre d'industrie le plus important de l'univers, pour la fabrication des étoffes de coton, et *Birmingham* pour les arts métallurgiques ; il faut citer ensuite, pour les manufactures de coton : *Preston, Bolton, Blackburn, Noorwich, Oldham, Rochdale*, en Angleterre, et *Glascow*, en Écosse; pour les manufactures de laine : *Leeds, Halifax, Bradford, Noorwich, Exeter*, en Angleterre, *Glascow* et *Perth*, en Écosse ; pour les manufactures de lin : *Leeds, Exeter*, en Angleterre; *Armagh, Dublin, Belfast*, en Irlande ; *Glascow, Dundee*, en Écosse ; pour les fabriques de soie : *Londres, Nottingham, Dublin* ; pour la fabrication de l'acier et des machines, après *Birmingham* : *Sheffield, Wolverhampton, Shrewsbury, Merthyr-Thydwill* ; pour les tanneries : *Bristol, Worcester, Warwick*, en Angleterre ;

Limerick, en Irlande; pour la verrerie et les cristaux : Bristol, Glascow ; pour la papeterie : Hereford, Bristol, etc., etc.

Les produits manufacturés de l'Angleterre sont principalement le coton filé et les tissus de coton, qu'elle répand dans le monde entier à cause de leur bas prix, et qui forment la branche principale de son commerce ; puis, les tissus de laine, les tissus de lin, le sucre raffiné, le fer forgé et l'acier, les machines à vapeur, la quincaillerie et la coutellerie, les ouvrages en cuivre, en bronze, en étain, le plomb de chasse, les cuirs préparés, les ouvrages de sellerie, la papeterie, les cristaux, la bière, etc., etc.

185. CENTRES D'INDUSTRIE, PRODUITS MANUFACTURÉS DE BELGIQUE ET DE HOLLANDE. — La Belgique, quoique l'un des plus petits pays de l'Europe, occupe un des premiers rangs dans l'industrie manufacturière. Les principaux centres industriels sont : *Bruxelles, Gand, Tournai, Malines, Liége, Namur, Louvain, Charleroi, Courtrai, Turnhout, Verviers*, etc. — Ses produits manufacturés sont : les fers et autres métaux, les machines à vapeur, la quincaillerie, la taillanderie, les draps, les laines, les tapis, les cotonnades, les toiles de lin fabriquées en immense quantité dans les Flandres, la papeterie, la typographie, les huiles, la bière, etc.

La Hollande, dont les pricipaux centres industriels sont : *Amsterdam, Bois-le-duc, Delft, Haarlem, Utrecht*, est surtout renommée par ses toiles, ses fromages, ses faïences.

186. INDUSTRIE DE L'ALLEMAGNE ET DE LA SUISSE. — L'Allemagne, en y comprenant la Prusse et l'Autriche, offre de grands centres industriels : *Leipsig, Bautzen*, en Saxe; *Augsbourg, Bamberg, Nuremberg*, en Bavière, *Hanovre*; les villes libres de *Francfort-sur-le-Main, Brême, Hambourg, Lubeck; Berlin, Breslau, Dusseldorf, Cologne, Francfort-sur-l'Oder, Elberfeld, Solingen*, en Prusse; *Zittau*, en Saxe, où se fabriquent de magnifiques toiles ; *Lintz, Braunau*, dans l'Autriche; *Prague, Reichemberg*, en Bohême ; *Debreczin, Szegedin*, en Hongrie; *Grætz*, en Styrie, etc. — Les principales productions fabriquées de l'Allemagne, sont : les glaces et verres de Bohême, les porcelaines et les toiles de Saxe, les instruments de musique, les ouvrages d'ambre jaune (qui se trouvent sur les bords de la Baltique), les jouets d'enfants et ouvrages en bois de Nuremberg et de la forêt Noire, les draps, les soieries, les blondes et dentelles, les cuirs, les ouvrages en fer et en acier, etc.

Les villes industrielles de Suisse sont : *Genève, Lausanne, Bâle, Berne, Neufchâtel, la Chaux-de-Fonds, Zurich, Lugano*, etc., dont les produits principaux sont l'horlogerie si renommée de Genève, les chapeaux de paille, les soieries, les mousselines.

187. INDUSTRIE DE L'EUROPE SEPTENTRIONALE. — La Russie a fait, depuis quelques années, des progrès notables dans l'industrie, quoiqu'elle soit encore à cet égard fort en arrière des nations de l'Europe centrale. Ses principaux centres de fabrication sont : *Saint-Pétersbourg, Moskou, Nijni-Novgorod, Kazan, Toula, Iaroslav*, etc., dans la Russie proprement dite; *Kalisz, Lublin, Tomaszow*, etc., en Pologne. Elle fabrique des étoffes de coton et de soie, des toiles, des objets de ferronnerie et de métallurgie; elle prépare une immense quantité de cuirs et maroquins justement renommés, de suifs, de pelleteries, de goudron.

Le Danemark, la Suède et la Norvége, où les manufactures diverses sont peu importantes, ne doivent pas être comptés au nombre des pays industriels de l'Europe.

188. Industrie de l'Europe méridionale. — Les pays du midi de l'Europe ont en général une industrie peu active, si l'on en excepte diverses parties de l'Italie, et notamment le royaume Lombard-Vénitien. *Milan, Bassano, Bergame, Côme, Crémone, Padoue, Udine, Vérone*, ont de grandes fabriques de soieries, de velours, de cuirs vernis et travaillés; *Venise*, si longtemps célèbre par ses glaces, a une industrie variée; *Milan* et *Brescia* fabriquent des armes et des instruments d'acier; *Crémone* et *Bergame* fabriquent des instruments de musique, etc. La Sardaigne, où les villes de *Gênes, de Turin, Saluces, Mondovi, Novare, Ivrée, Savone, Voltri, Chambéry, Annecy*, tiennent un rang distingué dans l'industrie, a des manufactures importantes de bijouterie, de soieries, de draps, d'huiles d'olives, de chapeaux de paille. La Toscane, où les villes de *Florence*, de *Prato*, de *Sienne* sont florissantes par leur industrie, fabrique les chapeaux de paille les plus renommés, des soieries, des mosaïques en marbre et pierres dures, des bijoux. Les camées et les fines mosaïques sont une branche importante d'industrie à *Rome*. Le royaume des Deux-Siciles fabrique avec succès des soieries, de la coutellerie, des huiles, des ouvrages de corail, à *Naples, Bari, Campo-Basso, Piedimonte, Tarente*, sur le continent; *Messine, Catane, Trapani*, en Sicile.

L'Espagne commence à relever ses manufactures de draps, de soieries, de métaux. La Turquie, qui est loin de tirer parti des ressources de son sol et de son climat, produit des tapis, des parfums, des cuirs travaillés. Le Portugal et la Grèce ont une industrie peu développée.

189. Centres d'industrie, produits principaux de l'Asie. — L'Asie renferme plusieurs contrées où l'industrie manufacturière a une activité prodigieuse. La Chine, qui a devancé l'Europe dans la plupart des inventions, fabrique une porcelaine magnifique, ornée de dessins bizarres, mais d'un grand éclat de couleurs; des soieries, des étoffes de coton, des papiers d'une extrême finesse, des ouvrages d'ivoire, de bambou, travaillés avec une délicatesse extraordinaire, des meubles de laque où l'or et la nacre sont employés avec beaucoup d'art; une encre excellente. L'industrie du Japon est surtout connue par ses porcelaines, qui rivalisent avec celles de Chine, ses armes, ses tissus. L'Hindoustan a des fabriques gigantesques de cotonnades connues sous le nom d'*indiennes*, et de nombreuses manufactures de soieries; les provinces septentrionales de l'Hindoustan, la Perse, le Tibet et les contrées voisines fabriquent ces châles magnifiques recherchés dans le monde entier, sous le nom de cachemires de l'Inde. La Perse produit encore des soieries et des tapis renommés; dans la Turquie d'Asie, la Syrie produit des étoffes de soie superbes et des tissus mêlés d'or (*Alep, Damas*), des armes et une coutellerie d'une trempe incomparable (*Bagdad, Damas, Erzeroum*), des tapis d'une grande beauté (*Smyrne, Tokat*), des tissus de poil de chèvre d'une extrême finesse (*Angora*), des cuirs travaillés, des parfums recherchés, des fruits secs en immense quantité, de bonnes huiles.

190. CENTRES D'INDUSTRIE; PRODUITS PRINCIPAUX DE L'AMÉRIQUE. — Les États-Unis on fait en peu d'années les plus rapides progrès dans tous les arts industriels. Les villes les plus florissantes par l'industrie sont : *Boston*, la première de toutes comme centre d'un nombre immense d'importantes manufactures qui couvrent tout le Massachussets; puis *New-York, Philadelphie, Baltimore, Charleston, Louisville, Nouvelle-Orléans*. Les États-Unis fabriquent avec un grand succès les machines à vapeur, les draps, les tissus de coton, les cuirs, les armes, les objets de taillanderie, de coutellerie, de carrosserie, de chaussure, de chapellerie, les sucres raffinés, etc. Dans l'Amérique du Sud, le seul pays où l'industrie ait quelque activité est le Brésil.

191. INDUSTRIE DE L'AFRIQUE. — L'Afrique n'a qu'une industrie peu importante et limitée à un très-petit nombre de contrées. Dans l'empire de Maroc, *Fez* et *Mogador* sont renommées par leurs fabriques de cuir connu sous le nom de *maroquin*. Il se distingue par une brillante couleur jaune qui n'a pu être encore imitée; le Maroc fabrique encore des armes blanches et à feu, et des étoffes de laine. L'Algérie, sous la domination française, commence à posséder des manufactures importantes. L'Égypte a des fabriques d'armes, de soieries, de cotonnades, de tapis; le *Caire, Alexandrie* et *Damiette* ont une industrie prospère.

L'Océanie, importante comme pays de production naturelle, ne joue aucun rôle dans le monde industriel.

QUESTIONNAIRE. — 183. Quels sont les centres d'industrie les plus importants et les principaux produits manufacturés de la France? — 184.... de l'Angleterre? — 185.... de la Belgique et de la Hollande? — 186.... de l'Allemagne et de la Suisse? — 187.... de la Russie? — 188.... de l'Italie et de l'Europe méridionale? — 189.... de la Chine, du Japon, de l'Inde, de la Turquie d'Asie? — 190.... des États-Unis? — 191.... du Maroc et de l'Égypte?

CHAPITRE DOUZIÈME.

GÉOGRAPHIE INDUSTRIELLE ET COMMERCIALE.

TROISIÈME PARTIE.
Commerce.

SOMMAIRE.

192. Les principaux centres et ports de commerce déjà indiqués en détail sont, en résumé : Londres, Hull, Bristol, Liverpool; Paris, Lyon, Rouen, le Havre, Bordeaux, Marseille ; Bruxelles, Anvers ; Amsterdam, Rotterdam ; Leipzig, Francfort, Hambourg, Brême, Lubeck, Danzig ; Trieste ; Nijni-Novgorod, Saint-Pétersbourg, Odessa ; Stockholm, Christiania, Copenhague, Altona ; Lisbonne, Cadix ; Gênes, Livourne, Naples, Palerme, Messine, Constantinople, en Europe ; — Smyrne, Beyrouth; Moka, Aden ; Bombay, Madras, Calcutta, Pondichéry ; Syncapour; Canton, Macao, en Asie ; — Alexandrie ; Tunis ; Alger ; Mogador, Tanger ; le Cap ; Port-Natal; Port-Louis, en Afrique;—Québec, New-York, Boston, San-Francisco, la Nouvelle-Orléans ; la Havane, Saint-Pierre, Rio-Janeiro, Montevideo, Buénos-Ayres; en Amérique ; — Manille, Batavia ; Sydney, en Océanie.

193. Le commerce général résulte de l'importation et de l'exportation des produits naturels ou fabriqués. Les tarifs de douane modifient le mouvement naturel du commerce extérieur.

194. Les principaux produits importés en France sont la houille, le fer, le plomb, le cuivre, le zinc, le coton, le fil, la laine, la soie, les céréales, le sel, le sucre, le café, le cacao, les huiles, les suifs, les peaux et cuirs, les fourrures, les matières tinctoriales, les épices, les chevaux et bestiaux ; elle tire principalement ces produits de l'Angleterre, la Belgique, l'Allemagne, la Russie, les États-Unis, les Antilles, etc. La France exporte des machines, bijoux, verreries, porcelaines, gants, modes, tissus divers, garance, savon, sel, sucre raffiné, livres, et surtout vins, notamment en Angleterre, États-Unis, Antilles, Amérique du Sud, Russie, etc.

195. Les lignes de navigation les plus suivies aboutissent à Marseille, où se fait le plus grand commerce maritime par 2,056 navires (en 1852) ; à Bordeaux, au Havre, etc. Les paquebots de la Méditerranée correspondent avec Constantinople en 8 jours, en desservant les points intermédiaires. Les relations maritimes sont continuelles avec les ports d'Italie, d'Algérie, avec les Antilles, New-York, Montevideo, Rio-Janeiro, l'île Bourbon, etc.

192. NOTIONS ÉLÉMENTAIRES ET SOMMAIRES SUR LES PRINCIPAUX CENTRES ET PORTS DE COMMERCE. — Nous avons déjà indiqué dans la description de chaque contrée de l'Europe les centres de commerce et ports principaux, il nous reste seulement à grouper et à énumérer rapidement parmi ces diverses places, celles qui jouent le rôle le plus important dans le commerce, soit maritime soit terrestre. Dans l'Angleterre, qui tient le premier rang pour le commerce comme pour l'industrie, nous citerons les places et ports de *Londres, Liverpool, Hull* ou *Kingston; Bristol, Southampton, Plymouth, Portsmouth, Douvres* (Angleterre); *Aberdeen, Leith* (Ecosse); *Limerick, Cork* (Irlande). — En France, les grandes places de commerce à l'intérieur, sont : *Paris, Lyon, Rouen, Lille, Strasbourg, Reims, Beaucaire*, etc. ; les ports : *Dunkerque, Calais, le Hâvre, Rouen, Nantes, Bordeaux, Bayonne, Cette, Marseille*, qui à elle seule reçoit 2,056 navires sur un nombre total de 7,990 entrés dans tous les ports de France. En Belgique, les places de commerce à l'intérieur, sont : *Bruxelles, Gand, Malines, Charleroi, Louvain*; les ports : *Anvers, Ostende*. — En Hollande, les places et ports principaux, sont : *Amsterdam, Rotterdam, Flessingue*. — En Allemagne, les grandes places de commerce à l'intérieur, sont *Leipsig*, célèbre par ses foires annuelles, *Dresde* (Saxe), *Francfort-sur-le-Main* (ville libre), *Berlin, Francfort-sur-l'Oder*, dont les foires sont renommées (Prusse); *Mayence* (Hesse-Darmstad), *Manheim, Constance* (Bade), *Vienne, Prague, Brunn, Lemberg, Bude* (Autriche). — Les ports sont sur la Baltique: *Hambourg, Lubeck, Brême*, villes libres, et *Dantzig, Stettin, Elbing*, à la Prusse; sur l'Adriatique, *Trieste* et *Raguse*, à l'Autriche. — Les places de commerce les plus importantes de la Russie sont à l'intérieur : *Moskou, Nijni-Novgorod*, siège de la plus grande foire du monde; on y apporte des marchandises d'une valeur moyenne d'environ 120,000,000 fr.; *Makariev*, où se tient une foire qui dure un mois entier; *Mohilev, Kiev, Néjine*, renommées pour leurs foires. Les grands ports commerciaux de la Russie sont : *Arkhangelsk*, sur la mer Blanche; *Saint-Pétersbourg, Riga*, sur la Baltique ; *Odessa*, sur la mer Noire; *Astrakhan*, sur la mer Caspienne.

Les places et ports de commerce de la monarchie Suédo-Norvégienne, sont : *Stockholm, Norrkœping, Gœteborg* (en Suède); *Christiania, Drontheim* et *Bergen* (en Norvège). Le Danemark a pour centres de commerce et ports principaux : *Copenhague, Flensborg, Altona*.

Les grandes places de commerce et les principaux ports de l'Europe méridionale sont : *Lisbonne* et *Porto*, en Portugal; — *Bilbao, Cadix, Carthagène, Alicante, Malaga*, en Espagne; — *Nice, Gènes, Livourne, Civita-Vecchia, Naples, Otrante, Ancône*, en Italie; *Palerme* et *Messine*, en Sicile; *Athènes, Syra, Patras*, en Grèce ; *Constantinople, Salonique, Galatz, Varna*, en Turquie.

Dans les autres parties du monde, les places de commerce et ports principaux sont, en Asie : *Trebizonde, Smyrne, Beyrouth*, dans la Turquie d'Asie; — *Moka, Mascate, Aden*, dans l'Arabie; *Bombay, Madras, Goa, Cochin, Pondichery, Calcutta,*

dans l'Hindoustan ; — *Bangkok, Syncapour*, dans l'Indo-Chine ;
— *Canton, Macao, Ning-po*, en Chine ; — *Nangasaki*, au Japon ;
— *Okhotsk*, dans la Sibérie.

En Afrique : *Alexandrie, Damiette, Rosette*, dans l'Égypte ;
— *Tunis* ; — *Bone, Philippeville, Alger,* |*Oran*, dans l'Algérie ;
— *Tanger, Mogador,* dans le Maroc : — *Saint-Louis* et *Gorée*,
dans le Sénégal ; — le *Cap*, au sud de l'Afrique ; — *Mozambique, Port-Natal*, sur la côte orientale de l'Afrique ; — *Port-Louis*, dans l'île Maurice.

En Amérique : *Québec, Halifax*, dans la Nouvelle-Bretagne ;
— *New-York, Boston, Baltimore, Philadelphie, la Nouvelle-Orléans, San-Francisco*, dans les États-Unis ; — la *Vera-Cruz, Mazatlan, Acapulco*, au Mexique ; — la *Havane*, dans l'île de Cuba ; — *Port-au-Prince*, dans l'île d'Haïti ; — *la Pointe-a-Pitre*, à la Guadeloupe ; — *Saint-Pierre*, à la Martinique ; — *Chagres, Panama, Carthagène*, dans la Nouvelle-Grenade ; — *Georgetown, Paramaribo, Cayenne*, dans les Guyanes ; — *Bahia, Rio-Janeiro*, au Brésil ; — *Montevideo*, dans l'Uruguay ; — *Buenos-Ayres*, dans la Plata ; — *Valparaiso*, au Chili ; le *Callao*, au Pérou.

En Océanie : *Manille*, dans les Philippines ; — *Batavia*, dans l'île de Java ; — *Sydney, Port-Lincoln*, dans l'Australie.

193. MATIÈRES PREMIÈRES OU FABRIQUÉES QUI DONNENT LIEU A L'IMPORTATION OU L'EXPORTATION (NOTIONS GÉNÉRALES). — Le commerce général qui consiste dans le transport et l'échange entre nations des objets utiles à l'homme, a pour aliments et les produits naturels et les produits manufacturés. Ses profits consistent dans la différence entre le *prix de revient*, c'est-à-dire le prix auquel les négociants se procurent les objets, et *le prix de vente*, c'est-à-dire, celui qu'ils peuvent se faire payer par les acheteurs. Le grand commerce s'établit spontanément entre les pays où les denrées et matières premières ou fabriquées sont abondantes et par conséquent à bon marché, et ceux où les mêmes objets sont rares et ne peuvent être obtenus sur les lieux mêmes qu'à grands frais. Cette direction naturelle du commerce existerait partout, si le *libre échange* pouvait être partout pratiqué ; mais la plupart des nations, pour se mettre en état de se suffire à elles-mêmes, soit dans la prévision d'une guerre qui interromprait le commerce extérieur, soit dans le but de protéger chez elles les premiers développements de la production et de l'industrie indigènes entravent par des droits de douane ou prohibent même d'une manière absolue l'entrée ou la sortie de certaines marchandises. Ce *système protecteur* que la prudence commande encore à la France, restreint nécessairement, au profit d'autres intérêts, l'essor du commerce extérieur; il a été abandonné par l'Angleterre, dont l'industrie ne redoute aucune concurrence, dont les moyens de transport dépassent ceux de toutes les autres nations, et qui doit à l'application de la théorie du libre échange un redoublement d'activité commerciale.

Ces explications font concevoir que ce n'est pas seulement la rareté ou l'abondance de la production soit en France, soit à l'étranger, qui règlent nos importations et nos exportations, mais surtout les dispositions des tarifs de douane. Ainsi, parmi les objets de première nécessité, la France soumet à des droits élevés l'introduction du fer brut et prohibe celle des ustensiles de fer fabriqué que l'étranger produit à meilleur marché qu'elle-même, afin de protéger chez elle l'industrie des hauts fourneaux où se traite le minerai extrait de son sol et celle des forges et fabriques qui mettent en œuvre le fer de provenance française. Du reste, les tarifs tendent de plus en plus à favoriser l'entrée des denrées et des matières premières et la sortie des objets manufacturés.

194. PRODUITS IMPORTÉS OU EXPORTÉS ENTRE LA FRANCE ET L'ÉTRANGER. — Les matières premières et fabriquées qui donnent lieu à importation et à exportation dans les divers pays du monde, ne sont autres que les produits naturels ou manufacturés dont l'indication a fait l'objet des deux chapitres précédents. Pour éviter des répétitions inutiles et concentrer l'attention, suivant l'esprit du programme, sur les points les plus pratiques et les plus utiles, nous étudierons le commerce général d'importation et d'exportation des divers pays dans leurs rapports avec la France. Un état publié par l'Administration générale des Douanes fournit à cet égard les documents les plus précis, qui ne s'arrêtent qu'à la fin du second semestre de l'année 1853 (1).

La *houille*, dont la France a reçu en 1852 environ 27 millions de quintaux métriques, lui est importée de *Belgique* pour près des deux tiers, d'*Angleterre* et des places de l'*Association commerciale allemande* (*Zollwerein*).

Le *fer en fonte* brute (460,000 q. m.), de *Belgique*, pour plus de moitié, d'*Angleterre*, de *Suède*.

Le *plomb* (235,000 q. m.), d'*Angleterre*, d'*Allemagne*, des *États-Unis*.

L'*etain* (25,000 q. m.), d'*Espagne*, d'*Angleterre*,

---

(1) Nous avons conservé dans cette occasion les chiffres de 1853, parce que depuis cette époque les perturbations causées au commerce par la guerre ont pu modifier d'une manière anormale les rapports de la France avec l'étranger.

Le *cuivre* brut (97,000 q. m.), d'*Angleterre*, de *Suède*, de *Russie*, d'*Allemagne*, du *Chili*.

Le *zinc* (178,000 q. m.), de *Belgique* pour près de moitié, des *villes libres d'Allemagne*, des places de l'*Association commerciale allemande*, etc.

Le *coton* en balle (842,000 q. m.), des *États-Unis*, pour plus des sept huitièmes, et de l'*Égypte*.

Le *fil* de lin et de chanvre (11,000 q. m.), de *Belgique* pour les deux tiers, et d'*Angleterre*.

La *laine* (323,000 q. m.), de l'*Allemagne*, de l'*Angleterre*, de l'*Espagne*, de la *Suisse*, de la *Russie*, d'*Australie*, etc.

La *soie* (33,000 q. m.), d'*Italie*, de *Suisse*, d'*Espagne*.

Les *toiles de lin* et *de chanvre* (13,000 q. m.), de *Belgique* pour la presque totalité, et d'*Angleterre*.

Les *céréales* (1,243,000 q. m.), de la *Russie*, des *États-Unis*.

Le *sel* (203,000 q. m.), de *Portugal* pour les trois cinquièmes, de l'*Angleterre*, de l'*Italie*.

La *bière*, de *Belgique* (Louvain), d'*Angleterre* (l'ale et le porter).

Les *sucres* (1,500,000 q. m.), des *colonies françaises* pour les deux tiers, des *colonies anglaises* et *espagnoles* pour le surplus.

Le *café* (344,000 q. m.), de l'*Arabie*, de la *Jamaïque*, de la *Martinique*, de l'*île de la Réunion* (Bourbon).

Le *cacao* (32,000 q. m.), des *Antilles*.

L'*huile d'olives* (200,000 q. m.), d'*Italie*, d'*Espagne*, de *Grèce*.

Les *graines oléagineuses*, sésame, lin et autres, d'*Égypte*, de *Belgique*, d'*Allemagne*.

Les *graisses* (suif, etc.), de *Russie*, d'*Allemagne*, de *Buenos-Ayres*, de *Montevideo*.

Les *peaux et cuirs*, de *Russie*, d'*Allemagne*, de l'*Amérique du Sud*.

Les *fourrures*, du *Canada*, des *États-Unis*, de la *Russie*.

Le *bois de sapin*, de *Norvège* et de *Suède*.

Le *bois d'acajou* (75,000 q. m.), du *Brésil*.

L'*indigo* (14,000 q. m.), le *safran*, de l'*Hindoustan*.

Le *bois de campêche*, du *Mexique*.

Les *épices*, de la *Malaisie* et de l'*Indo-Chine*.

Les *chevaux*, du *Mecklembourg*, d'*Oldembourg*, du *Holstein*.

Les *moutons* et autres bestiaux, de *Suisse*, d'*Espagne*, d'*Angleterre*.

Tels sont les objets qui figurent pour une quantité notable dans les importations que la France reçoit des divers pays du monde, par navires français et par navires étrangers, et qu'on évalue à plus d'un milliard.

La France exporte pour une valeur d'environ un milliard et demi de produits, soit naturels, soit surtout fabriqués, dont les principaux ont été, en 1852 :

Les *machines* et *mécaniques* (5,800,000 q. m.); la *bijouterie*; les *verres* et *cristaux*, dont une notable partie est exportée aux

Etats-Unis (216,000 q. m.); les *porcelaines* fines et communes (35,000 q. m.); les *peaux ouvrées* et les *gants;* les *modes* (5,000,000 q. m. environ), recherchées dans le monde entier à cause du goût qui les distingue, et exportées principalement pour la Russie, les Etats-Unis, le Brésil, Buenos-Ayres, Montevideo, les colonies; les *chaussures*, pour l'Angleterre; les *tissus de laine*, draps et autres (57,000,000 q. m.); les *cotonnades teintes et imprimées* (34,000,000); les autres *tissus de coton* (57,000,000); les *tissus de soie* (27,500,000); les *toiles de fil* (1,700,000); la *garance* (137,000 q. m.); et le *chardon a foulon* dont une grande partie s'expedie en Allemagne et en Russie; le *savon* (59,000 q. m.); le *sel* marin et le sel gemme (1,000,000 q. m.); le *sucre* raffiné (160,000 q. m.); les *céréales* (4,000,000 q. m.).

La France exporte principalement en Russie une quantité notable de *livres*, gravures, lithographies.

Enfin les *vins*, qui forment un des objets les plus considérables d'exportation pour toutes les contrées du globe, figurent au tableau officiel pour environ 2,500,000 hectolitres de vins communs, 24,000 de vins de liqueur, 300,000 d'eau-de-vie de vin, 4,500 d'esprit de vin. La plus grande partie est exportée en Angleterre et dans les Etats-Unis.

195. LIGNES DE NAVIGATION LES PLUS SUIVIES; DURÉE DU TRAJET. — Les lignes maritimes les plus suivies par les navires de commerce qui partent de France ou qui y arrivent, sont par ordre d'importance, celles qui aboutissent

à Marseille, où il est arrivé, en 1852, 2056 navires.
à Bordeaux, — — 685 —
au Hâvre, — — 665 —
à Cette, — — 539 —
à Calais, — — 368 —
à Dunkerque, — — 304 —

Nous signalerons les lignes principales qui aboutissent à ces ports, en indiquant approximativement la durée du trajet pour les navires à voiles du commerce d'une marche ordinaire.

Marseille correspond avec Cadix en 7 jours, avec Alexandrie en 12 jours, avec Beyrouth en 13 jours. Marseille a une correspondance à vapeur régulière avec le Brésil. Le service à vapeur des paquebots de la Méditerranée fait le trajet de Marseille à Constantinople en 8 jours, après avoir touché à Syra, Athènes, Smyrne et Gallipoli; celui de Marseille à Malte dessert Gênes, Livourne, Civita-Vecchia, Naples, Messine. Il existe en outre une correspondance journalière et extrêmement suivie entre Marseille, Cette, Toulon et les divers ports de l'Algérie. Le trajet pour les navires à voile est, terme moyen, de trois jours et demi, et de deux jours pour les paquebots à vapeur (1).

---

(1) Ce sont là des trajets ordinaires dont la durée sera bientôt réduite par les progrès de la navigation. Le fait suivant peut donner

Bordeaux est en relations constantes avec les ports de l'Espagne, de l'Angleterre, de l'Amérique du Sud et des Antilles.

Le Havre communique surtout avec l'Angleterre, les ports de la mer du Nord et de la mer Baltique, et les ports de l'Amérique du Nord et de l'Amérique du Sud, et de l'Asie. Le trajet par navires à voiles, du Havre à Rotterdam, est de 2 jours et demi, du Havre à Saint-Pétersbourg, de 13 jours. Le trajet du Havre à New-York est de 25 jours environ par navire à voile et 12 par bateaux à vapeur; du Havre à la Guadeloupe, de 28 à 30 jours, du Havre à Chagres, sur l'isthme de Panama, ligne extrêmement suivie par les émigrants en Californie, de 40 jours environ; du Havre à Valparaiso, par le cap Horn, 90 à 100 jours; du Havre à l'île Bourbon, 70 jours; du Havre à Pondichéry et à Bombay, 3 à 4 mois; du Havre aux îles Marquises, 5 à 6 mois, par le cap Horn. etc.

Dunkerque et Calais communiquent surtout avec l'Angleterre et les ports du nord de l'Europe.

Nantes, avec l'Espagne et l'Amérique.

Les lignes de navigation anglaise à vapeur que notre commerce et nos lettres empruntent le plus habituellement sont celles de Liverpool à New-York (trajet de 15 jours environ), celle de Southampton aux principales Antilles (trajet de 19 à 25 jours), celle de Southampton à Chagres (trajet de 24 jours).

QUESTIONNAIRE. — 192. Rappelez sommairement les grands centres de commerce et les ports principaux des diverses contrées d'Europe. — Nommez ceux des autres parties du monde. — 193. En quoi consiste le commerce général ou international? — Quel en serait le développement naturel? — Qu'est-ce qui en modifie la direction et dans quel but? — 194. Faites connaître les principaux objets d'importation et d'exportation et les pays avec lesquels la France correspond à cet égard. — 195. Indiquez les ports où aboutissent les lignes de navigation les plus suivies et la durée de quelques-uns des principaux trajets.

---

l'idée des résultats qu'on doit attendre : Un Anglais, arrivé à Southampton par *le Thames*, vient de faire le tour du monde en six mois et demi. Il a quitté l'Angleterre sur un navire chargé d'émigrants qui l'a porté à Moreton-Bay, en Australie. De là, il s'est rendu à Valparaiso. Il a pris le steamer qui l'a conduit à l'isthme de Panama, qu'il a traversé; enfin, les steamers de Panama aux Antilles et de Saint-Thomas à Southampton, l'ont ramené à son point de départ. Ainsi deux navires à voiles et trois bateaux à vapeur, ont fait accomplir à ce voyageur, dans le court espace de six mois et demi, un trajet qui avait exigé jusqu'à ce jour deux ou trois ans. Lorsque les steamers de toutes les lignes qui s'organisent en ce moment feront régulièrement leur service, le tour du monde pourra se faire en trois mois.

Paris. — Typ. Morris et Comp., rue Amelot, 64.

www.ingramcontent.com/pod-product-compliance
Lightning Source LLC
Chambersburg PA
CBHW060145100426
42744CB00007B/908